LENE KNUDSEN
Illustratorin
KELLY KEKO

Fantastische Anime Küche

LENE KNUDSEN

Illustratorin
KELLY KEKO

Fantastische Anime Küche

riva

Die besten Rezepte
aus deinen Lieblingsserien

VORWORT

Wem ist nicht schon einmal das Wasser im Mund zusammengelaufen, wenn er die Gourmetgerichte in einem japanischen Anime gesehen hat, die so gut gezeichnet sind und so real wirken, dass man sich ihren explosiven Geschmack im Mund mühelos vorstellen kann!

Die Schöpfer, die hinter diesen Werken stehen, sind Meister ihres Fachs und können uns augenblicklich in eine Parallelwelt entführen, in der Schönheit herrscht, Poesie, die japanische Kochkunst und die Kindheit.

Dieses Buch bietet dir endlich die Gelegenheit, diese lang erträumten Gerichte zu probieren … Da kommen Erinnerungen hoch … Für manche sind es Ramen-Nudeln oder das berühmte japanische Curry, das in einer dampfenden Schüssel serviert wird. Mich persönlich hat die Szene aus *Chihiros Reise*, in der ihre gefräßigen Eltern in einem verlassenen Dorf unglaubliche Gerichte essen, für immer geprägt! Für andere ist es das omurische Omelett in *Food Wars*! Auch einfache Speckscheiben mit einem Spiegelei, wie in *Das wandelnde Schloss*, lassen uns das Wasser im Mund zusammenlaufen.

Es ist an der Zeit, wieder das Kind zu sein, das du warst (oder der begeisterte Erwachsene, der du bist). Jedes neue Rezept wird dir die Tür zu dieser wunderbaren Parallelwelt öffnen, direkt aus Japan!

INHALT

VOR DEN PRÜFUNGEN

OHNE GROSSEN AUFWAND

FÜR DEN GROSSEN HUNGER

FÜR REGENTAGE

ZEN-DESSERTS

VOR DEN PRÜFUNGEN

CALCIFERS FRÜHSTÜCK

Das wandelnde Schloss

3 · 5 Min. · 5 Min.

ZUTATEN

1 EL Olivenöl

3 dicke Scheiben Bacon

3 Eier

Salz und Pfeffer

3 Scheiben Bauernbrot

FÜR DEN TEE

400 ml siedendes Wasser

1 EL Schwarz- oder Grüntee
(z. B. Sencha, Hojicha)

1 – Das Öl in einer Pfanne leicht erhitzen, den Bacon ein paar Minuten darin knusprig braten. Wenden, die Temperatur erhöhen und die Eier daneben aufschlagen. Etwa 2 Minuten braten, bis das Eiweiß vollständig gestockt und am Rand knusprig ist. Salzen und pfeffern.

2 – Den Tee zubereiten.

3 – Das Brot eventuell toasten.

4 – Die Spiegeleier auf die Brotscheiben gleiten lassen. Mit Bacon und Tee servieren.

ARRIETTYS GEBRATENES BROT MIT KÄSE

Arrietty: Die wundersame Welt der Borger

1 | 10 Min. | 5 Min.

ZUTATEN

½ Briochebrötchen (Milchbrötchen)
2 Stücke Butter
1 EL Olivenöl
3 Champignons, geviertelt
etwas Petersilie, fein gehackt
Salz und Pfeffer
2 Scheiben Cheddar, in feine Streifen geschnitten
einige Tropfen Akazienhonig (nach Wunsch)
1 Prise Chilipulver
200 ml siedendes Wasser
1 EL Grüntee

1 – Das Brötchen auf der Schnittseite mit einem Stückchen Butter in der Pfanne braten, herausnehmen.

2 – Das Olivenöl in die Pfanne geben, die Champignons zugeben und 3–4 Minuten braten, dann Petersilie zugeben, salzen und pfeffern. Die Champignons auf dem Brötchen verteilen.

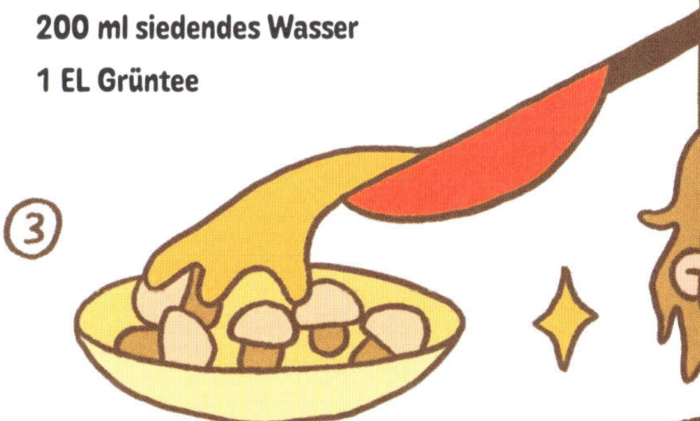

3 – Die Pfanne auswischen, das zweite Stückchen Butter hineingeben und den Käse darin schmelzen lassen. Dabei ein paar Mal mit dem Pfannenwender wenden. Sobald der Käse gleichmäßig geschmolzen ist, diesen auf die Champignons legen. Nach Wunsch mit Honig beträufeln und mit Chili bestreuen.

4 – Mit heißem Tee servieren.

Tipp:
Man muss den Käse nicht unbedingt in der Pfanne schmelzen, sondern kann ihn auch auf den Champignons verteilen und das Ganze 3–4 Minuten im Backofen mit der Grillfunktion überbacken.

CHIHIROS FRÜHSTÜCK

Chihiros Reise ins Zauberland

1 Schüssel · 5 Min. · 10 Min.

ZUTATEN

1 EL Sojasauce

1 TL geröstetes Sesamöl

1 TL Agavendicksaft

1 EL Sonnenblumenöl

1 Ei, verquirlt

1 Frühlingszwiebel, in Ringe geschnitten, weiß und grün getrennt

etwa 50 g rohes oder gegartes Fleisch, in kleine Würfel geschnitten
(Schwein, Huhn, Kochschinken, Bacon etc.)

2 sehr dünne Scheiben Ingwer, geschält und in feine Streifen geschnitten

Salz und weißer Pfeffer

250 g gekochter Reis
(vom Vortag, am besten kleiner Rundkornreis oder Jasminreis)

45 g gekochte Erbsen

1 EL eingelegter Rettich (Asialaden)

1 – In einer kleinen Schüssel Sojasauce, Sesamöl und Agavendicksaft verrühren.

2 – Eine Pfanne oder einen Wok erhitzen, vom Herd nehmen. Das Öl hineingeben, das Ei zugeben und zu einem Omelett stocken lassen. Das Omelett auf einen Teller gleiten lassen.

3 – Den Wok/die Pfanne wieder heiß werden lassen. Das Weiße der Frühlingszwiebel, das Fleisch und den Ingwer zugeben, salzen und pfeffern.

4 – Sobald das Fleisch heiß ist, den kalten Reis und die Erbsen zugeben. Gut verrühren, sodass der Reis sich gleichmäßig verteilt. Das Omelett zugeben und mit dem Reis verrühren, sodass es in Stücke zerrissen wird. Am Ende die mit Sesamöl und Agavendicksaft verrührte Sojasauce zugeben und noch einmal einige Sekunden unter Rühren erhitzen.

5 – In einer großen Schüssel anrichten, mit dem Grün der Frühlingszwiebel und dem eingelegten Rettich bestreuen. Eventuell noch etwas Sojasauce dazu reichen.

Tipp:

Dieser gebratene Reis hat verschiedene Namen: Kantonreis, Chahan, Yakimeshi, Pfannengerührter Reis … Jedes asiatische Land kennt eine eigene Version. Manchmal wird das Ei im Voraus gebraten, manchmal wird es einfach in den Reis eingerührt. Das spielt aber keine große Rolle, denn alle Versionen schmecken köstlich.

KNUSPRIGE YAKI ONIGIRI

Pokémon

4 | 10 Min. | 4 Min. | 2 h 10

ZUTATEN

4 Noriblätter (Sushi-Algen)
200 g Sushi-Reis
5 EL Reisessig
2 EL Furikake (japanische Mischung aus Sesam, Algen, Gewürzen etc.)
1 kleine Dose Thunfisch
3–4 EL Mayonnaise
1 EL eingelegter Ingwer, grob gehackt
1–1½ EL Sriracha-Sauce (scharfe Thai-Chilisauce)
2 EL Sonnenblumenöl
Salz und Pfeffer

FÜR DIE MARINADE
3 EL Sojasauce
1 EL Limettensaft
1 EL geröstetes Sesamöl

1 – Die Noriblätter in 15 × 2 cm große Streifen schneiden.

2 – Die Zutaten für die Marinade in einer kleinen Schüssel verrühren.

3 – Den Reis 1 Stunde in kaltem Wasser einweichen, dabei das Wasser mehrmals wechseln.
30 Minuten in einem Sieb abtropfen lassen. Den Reis in einen Topf mit 200 ml Wasser geben und aufkochen. Mit aufgelegtem Deckel 5 Minuten kochen, dann noch 5 Minuten bei geringer Hitze ziehen lassen. Weitere 10 Minuten ohne Hitzezufuhr quellen lassen.

4 – Den Reisessig zugeben, vorsichtig verrühren und 30 Minuten kaltstellen. Die Furikake-Mischung zugeben und vorsichtig einrühren.

5 – In einer Schüssel Thunfisch, Mayonnaise, Ingwer und Sriracha-Sauce mit einer Gabel verrühren.

6 – Den Reis in vier Portionen teilen, mit nassen Händen zu Scheiben formen. Auch die Thunfischmischung in vier Portionen teilen, zu Kugeln formen, diese mit dem Reis umhüllen, sodass flache »Frikadellen« entstehen. Den Reis gut festdrücken.

7 – In einer Pfanne etwas Öl erhitzen, die Reiskugeln bei mittlerer Hitze von jeder Seite 2 Minuten braten und vom Herd nehmen.

8 – Die Mitte mit etwas Sojasauce bestreichen, die Algenbänder darumlegen.

9 – Mit der Marinade servieren.

BENTO-BOX MIT FISCH

Mein Nachbar Totoro

1 | 15 Min. | 10 Min. | 2 Std. 10 Min.

ZUTATEN

50 g Edamame, gegart
250 g Sushi-Reis
5 EL Reisessig
3 kleine TK-Fische zum Braten
150 ml Milch
2 EL Mehl, Type 405
1 große Prise japanisches Currypulver
½ EL Salz
1 Prise Pfeffer
200 ml Sonnenblumenöl
1 Shisoblatt
1 EL eingelegter Ingwer, grob gehackt
1 Stück Nori-Alge
½ Scheibe Zitrone
1 Umeboshi (Salzpflaume)
1 TL Furikake
(japanische Mischung aus Sesam, Algen, Gewürzen etc.)

MARINADE FÜR DIE EDAMAME

3 EL Sojasauce
½ TL frisch geriebener Ingwer
1 TL geröstetes Sesamöl

1 – Die Zutaten für die Marinade in einer kleinen Schüssel verrühren. Die Edamame zugeben, untermischen und beiseitestellen.

2 – Den Reis etwa 1 Stunde in Wasser einweichen, dabei das Wasser mehrmals wechseln. 30 Minuten in einem Sieb abtropfen lassen. Den Reis mit 250 ml Wasser in einen Topf geben und aufkochen. Mit aufgelegtem Deckel 5 Minuten kochen, dann 5 Minuten bei geringer Hitze ziehen lassen. Vom Herd nehmen und weitere 10 Minuten quellen lassen.

3 – Den Reisessig zugeben und vorsichtig einrühren. Den Reis 30 Minuten kalt stellen.

4 – Die Fische in der Milch bei Zimmertemperatur auftauen lassen, danach trocken tupfen.

5 – Auf einem kleinen Teller Mehl, Curry, Salz und Pfeffer vermengen und die Fische darin panieren. Überschüssiges Mehl abschütteln.

6 – Das Öl in einem Topf oder einer tiefen Pfanne auf 170 °C erhitzen. Die Fische darin je 1–2 Minuten von beiden Seiten frittieren, bis sie schön braun sind. Mit einer Zange herausnehmen und auf Küchenpapier abtropfen lassen.

7 – Den Reis in eine Bento-Box füllen. Das Shisoblatt darauflegen und mit den Edamame bedecken. Eingelegten Ingwer, Nori und die drei Fische darauflegen, die Zitronenscheibe und die Umeboshi danebenlegen. Mit Furikake bestreuen und mit der restlichen Marinade servieren.

TENARS PICKNICK

Die Chroniken von Erdsee

1 5 Min.

ZUTATEN

2 Scheiben Weißbrot oder Bauernbrot
2 Scheiben Käse (Manchego, Cheddar etc.)
süßer Senf
1 dünne Scheibe rote Zwiebel
1 Papierserviette zum Servieren

1 – Die Brotscheiben auf die Papierserviette legen.

2 – Den Käse darauflegen, dünn mit süßem Senf bestreichen.

3 – Die Zwiebelscheibe auf 1 Brot legen.

4 – Das Sandwich zusammenklappen.

Tipp:
Noch besser schmeckt es mit ein paar Scheiben Essiggurke (Cornichon).

UMIS PANIERTE GARNELEN

Der Mohnblumenberg

6 · 15 Min. · 2 Min.

ZUTATEN

6 große Garnelen (roh oder gegart)
2 EL Speisestärke
2 EL Mehl, Type 405
1 kräftige Prise Salz
1 Ei, verquirlt
70 g Panko- oder Paniermehl
300 ml Sonnenblumenöl zum Frittieren

FÜR DIE REMOULADE

4 EL Mayonnaise (Kewpie aus Japan)
1 EL Zitronen- oder Limettensaft
1 TL fein gehackte Schalotte
4 Cornichons oder ⅓ Essiggurke
2 TL Schnittlauchröllchen
Salz und Pfeffer

1 – Für die Remoulade alle Zutaten in einer kleinen Schüssel vermengen und kalt stellen.

2 – Die Köpfe der Garnelen und den schwarzen Darmfaden entfernen, an der Bauchseite dreimal einschneiden, damit sie gerade liegen. Dann mit einem Messer auf den Schwanz drücken, um das Wasser herauszudrücken. Den Panzer entfernen.

3 – Die Garnelen in der Speisestärke wenden, mit kaltem Wasser abspülen und mit Küchenpapier trocken tupfen.

4 – Drei Teller vorbereiten, auf einem Mehl und Salz mischen, in den zweiten das Ei geben, in den dritten das Panko- oder Paniermehl. Die Garnelen panieren, dafür erst in Mehl, dann in Ei und schließlich in Pankomehl wenden.

5 – Das Öl in einem Topf oder Wok auf 175 °C erhitzen. Die Garnelen darin von jeder Seite 1 Minute frittieren, bis sie schön goldbraun sind.

6 – Auf Küchenpapier abtropfen lassen und mit der Remoulade genießen.

Tipp:
Im Film frittiert Umi kleine Makrelen, aber Garnelen sind bei uns einfacher zu bekommen.

ONIGIRI MIT GEBACKENEM LACHS

Chihiros Reise ins Zauberland

4 · 10 Min. · 20 Min. · 2 h 10

ZUTATEN

- 1 Noriblatt
- 20 dünne Scheiben Salatgurke
- Salz und Pfeffer
- 1 kleines Lachsfilet ohne Gräten
- 1 EL Olivenöl
- 200 g Sushi-Reis
- 5 EL Reisessig
- 1 kleines Glas Wasabipaste
- 3 geh. EL gegarte Maiskörner (Konserve)
- 2 EL Schnittlauchröllchen
- 1 TL Noriflocken
- 1 Prisi Nanami (japanisches Gewürz)

FÜR DIE MARINADE

- 3 EL Sojasauce
- 1 kleines Glas Wasabipaste

1 – Das Noriblatt in vier 12 × 5 cm große Streifen schneiden.

2 – Für die Marinade Sojasauce und Wasabipaste in einer kleinen Schüssel verrühren.

3 – Die Gurkenscheiben mit etwas Salz bestreuen und ein paar Minuten ziehen lassen, dann unter fließendem Wasser abspülen und auf Küchenpapier abtropfen lassen.

4 – Den Backofen auf 175 °C Umluft vorheizen. Den Lachs auf einen ofenfesten Teller legen, mit Olivenöl beträufeln, salzen, pfeffern und 10 Minuten backen.

5 – Den gegarten Lachs in kleine Stücke schneiden.

6 – Den Reis etwa 1 Stunde in Wasser einweichen, dabei das Wasser mehrmals wechseln. 30 Minuten abtropfen lassen. Den Reis mit 200 ml Wasser in einen Topf geben und aufkochen lassen. Mit aufgelegtem Deckel 5 Minuten kochen, dann 5 Minuten bei geringer Hitze ziehen lassen. Vom Herd nehmen und weitere 10 Minuten quellen lassen.

7 – Den Essig und die Wasabipaste unter den Reis rühren, die Lachsstückchen zugeben, ebenso die Maiskörner, den Schnittlauch, die Noriflocken, das japanische Gewürz und die Gurkenscheiben. Alles 30 Minuten in den Kühlschrank stellen.

8 – Die Reismischung in vier Portionen teilen, jede Portion mit nassen Händen zu einem Dreieck formen und gut festdrücken. Wer hat, kann dazu eine Onigiri-Form verwenden.

9 – Die Onigiri mit je einem Streifen Nori umwickeln. Mit Nanami bestreuen und die Marinade dazu servieren.

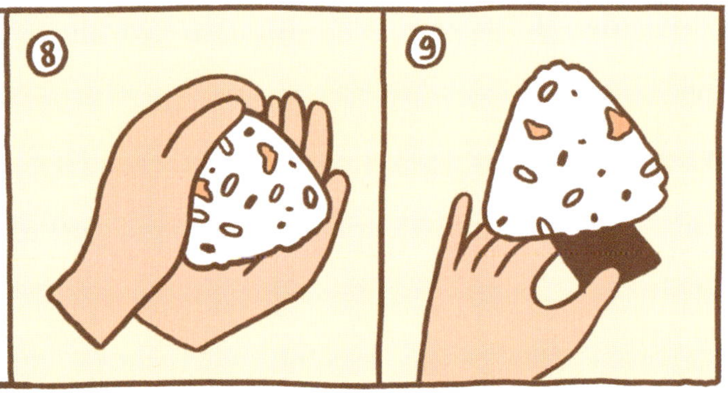

SOPHIES KÄSEBROT

Das wandelnde Schloss

2 | 10 Min. | 2 Std. 10 Min. | 15–18 Min.

ZUTATEN

1 Baguette
(selbst gemacht, siehe unten, oder vom Bäcker)

3 Scheiben Käse
(Emmentaler, Greyerzer, Edamer etc.)
oder 1 Stück Käse

1 Papierserviette

FÜR DEN CIABATTATEIG

250 g Mehl, Type 550 oder 00

3 g Salz

2 g frische Hefe oder 1 g Trockenhefe

2 × 20 ml Olivenöl

1 – Um ein Ciabatta in Baguetteform herzustellen, Mehl und Salz in einer Schüssel mischen. In einer zweiten Schüssel Hefe und 140 ml lauwarmes Wasser mischen. Diese Mischung auf das Mehl geben und verkneten, bis ein gleichmäßiger Teig entsteht.

2 – Eine große Schüssel mit 20 ml Olivenöl ausstreichen, dann den Teig hineingeben. Abdecken und 1 Stunde an einem warmen Ort gehen lassen. Den Teig zweimal zusammenfalten, dann das restliche Olivenöl in die Schüssel geben, damit der Teig nicht festklebt. 1 weitere Stunde gehen lassen.

3 – Den Teig auf eine bemehlte Arbeitsfläche geben. Zwei längliche Brote daraus formen. Beide Brote auf ein mit Backpapier belegtes Backblech legen und 10 Minuten gehen lassen. Auf der Oberseite die Brote mit einem scharfen Messer einige Male kreuzförmig einschneiden, damit es aussieht wie im Film.

4 – Den Backofen auf 230 °C Umluft vorheizen, die Brote darin 15–18 Minuten backen. Um festzustellen, ob sie fertig gebacken sind, auf die Unterseite klopfen – es muss hohl klingen, und die Baguettes müssen goldbraun sein.

5 – Die Brote abkühlen lassen. Zum Frühstück oder am Nachmittag mit Käse genießen.

SŌMAS MINI-OMELETT-SOUFFLÉE

Food Wars!

1 | 10 Min. | 20–25 Min.

ZUTATEN

FÜR DIE TOMATENSAUCE

2 Scheiben Bacon
½ Schalotte, fein gehackt
½ Knoblauchzehe, fein gehackt
1 geh. EL fein gehackter Staudensellerie
1 EL Olivenöl
180 ml passierte Tomaten
1 EL Rotwein (nach Wunsch)
½ TL getrockneter Oregano
½ TL getrocknetes Basilikum
1 TL Zucker
Salz und Pfeffer

FÜR DAS OMELETT

2 kleine Eier
1 EL Olivenöl oder 1 TL Butter
Salz und Pfeffer
etwas fein gehackte Petersilie
einige Schnittlauchröllchen

1 – Den Bacon in einer Pfanne mit Olivenöl braten.

2 – Den Speck aus der Pfanne nehmen, in das Bratfett Schalotte, Knoblauch, Sellerie und noch etwas Öl geben und unter Rühren braten. Wenn die Schalotte glasig wird, die passierten Tomaten zugeben, nach Wunsch den Rotwein, dann die getrockneten Kräuter und den Zucker. Salzen und pfeffern. Die Sauce köcheln lassen, bis sie auf die Hälfte reduziert ist, und abschmecken.

3 – Die Eier mit einem Rührgerät aufschlagen, um eine ganz dichte Konsistenz (wie bei einem Kuchenteig) zu bekommen. Eine kleine Pfanne mit Olivenöl oder Butter erhitzen, die Eier hineingeben, salzen und pfeffern und bei mittlerer Hitze 1–2 Minuten braten. Den Deckel auflegen und 1 Minute ohne Hitzezufuhr ziehen lassen. Den Deckel abnehmen, das Omelett mit einem Pfannenwender einmal zusammenklappen.

4 – Das Omelett auf einen tiefen Teller geben, mit Petersilie und Schnittlauch bestreuen und auf einer Seite mit Tomatensauce bedecken. Den Bacon dazu servieren.

UMIS HÄHNCHEN-KROKETTEN

Der Mohnblumenberg

4 · 15 Min. · 15 Min. · 40 Min.

ZUTATEN

FÜR DAS KARTOFFELPÜREE

- 300 g mehligkochende Kartoffeln, geschält und in Stücke geschnitten
- 10 g Butter
- 1 TL Salz
- 1 kräftige Prise Pfeffer
- 1 EL Milch

FÜR DAS HÄHNCHEN

- 1 EL geröstetes Sesamöl
- ¼ Zwiebel, fein gehackt
- 90 g Geflügelhackfleisch
- Salz und Pfeffer
- 1½ EL Sojasauce
- 1 TL Mirin oder Reisessig
- 1 Prise Dashi-Pulver (nach Wunsch)
- 1 TL Zucker

ZUM FRITTIEREN

- 2 EL Mehl, Type 405
- 1 Ei
- 70 g Panko- oder Paniermehl
- 300 ml Sonnenblumenöl
- Worcestersauce oder japanische Sesam-Vinaigrette (Kikkoman oder Kewpie)

1 – Die Kartoffeln in gesalzenem Wasser etwa 13–15 Minuten kochen. Mit einer Gabel prüfen, ob sie gar sind. In einem Sieb abtropfen lassen und in einer Schüssel mit Butter, Salz und Pfeffer zerdrücken. Die Milch am Schluss unterrühren.

2 – Für das Hähnchenfleisch Sesamöl und Zwiebel in eine Pfanne geben. Sobald die Zwiebel glasig ist, das Hackfleisch zugeben, salzen und pfeffern und braten, bis das Fleisch gar ist. Sojasauce, Mirin, Dashi und Zucker zugeben. So lange köcheln lassen, bis alle Flüssigkeit verdampft ist.

3 – Fleischmasse und Kartoffelpüree vermengen, in eine flache Schale geben, damit die Mischung schnell abkühlt. 40 Minuten in den Kühlschrank stellen. Danach mit nassen Händen aus der Masse 4 runde Kroketten formen.

4 – Drei Teller für Mehl, Ei und Pankomehl vorbereiten. Die Kroketten erst in Mehl wenden, dann durch das Ei ziehen und am Ende mit Panko- oder Paniermehl panieren.

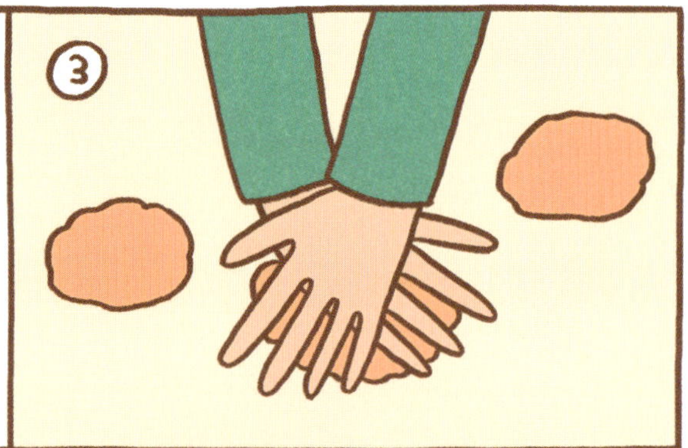

5 – Das Öl in einer tiefen Pfanne auf 175 °C erhitzen. Die Kroketten darin von jeder Seite 1–2 Minuten frittieren, bis sie schön goldbraun sind. Auf Küchenpapier abtropfen lassen und mit einer Sauce nach Wahl genießen.

ミツワ
熟成
ウスターソー

OSONOS REISPORRIDGE

Kikis kleiner Lieferservice

2 · 10 Min. · 25–30 Min.

ZUTATEN

½ Tasse Reis
(Jasminreis oder japanischer Rundkornreis)

½ TL Salz

½ Hähnchenbrustfilet, in feine Streifen geschnitten
(eventuell schon am Vortag gegart)

1 EL geröstetes Sesamöl

1 TL Speisestärke

½ Brühwürfel für Hühner- oder Gemüsebrühe

3 sehr dünne Scheiben frischer Ingwer, geschält und in feine Streifen geschnitten

1 Frühlingszwiebel, fein geschnitten

1 – Den Reis unter fließendem Wasser abspülen und im Sieb abtropfen lassen.

2 – Etwa 1 l Wasser in einem Topf zum Kochen bringen, Reis und Salz zugeben, einmal durchrühren, den Deckel auflegen und bei geringer Hitze 25–30 Minuten köcheln lassen.

3 – Den Reis mithilfe einer Gabel kräftig rühren, sodass er dick und cremig wird. Noch 5 Minuten bei geringer Hitze weiterköcheln lassen.

4 – Die Hähnchenbruststreifen mit Sesamöl und Speisestärke mischen.

5 – Das Fleisch zum Reis geben, Brühwürfel und Ingwer zugeben und 1–2 Minuten köcheln lassen.

6 – In einer großen Schüssel servieren, mit den Zwiebelringen bestreuen.

Tipp:
Der Reisporridge ist ein asiatisches Gericht, das typischerweise serviert wird, wenn jemand krank ist, Grippe oder Fieber hat. Es schmeckt auch sehr gut mit klein gewürfelter Möhre und/oder Erbsen.

OHNE GROSSEN AUFWAND

SŌMAS RISOTTO MIT APFEL

Food Wars!

2 · 10 Min. · 25–30 Min.

ZUTATEN

- **4 Scheiben Bacon**
- **1 EL Olivenöl**
- **20 g Butter**
- **½ Zwiebel, fein gehackt**
- **1 kleine Knoblauchzehe, fein gehackt**
- **140 g Carnaroli-Reis** (Risottoreis)
- **einige Zweige frischer Thymian**
- **50 ml trockener Weißwein** (nach Wunsch)
- **500 ml Hühnerbrühe**
- **50 ml Apfelsaft**
- **½ Apfel, geschält, entkernt, klein gewürfelt**
- **1 EL Zitronensaft**
- **Salz und Pfeffer**
- **1 Prise Piment d'Espelette**
- **1 EL Schnittlauchröllchen**

1 – Den Bacon mit Olivenöl in einer Pfanne braten und beiseitestellen.

2 – In einer zweiten Pfanne Butter, Zwiebel, Knoblauch, Reis und Thymian kurz anschwitzen. Sobald der Reis glasig wird, den Weißwein angießen und rühren, bis die Flüssigkeit aufgenommen ist.

3 – Eine Suppenkelle Brühe und den Apfelsaft zugeben und weiterrühren, bis die Flüssigkeit aufgenommen ist. So weitermachen, bis der Reis al dente gekocht ist.

4 – Kurz vor Zugabe der letzten Kelle Brühe den Apfel zugeben, der zuvor mit dem Zitronensaft gemischt wurde.

5 – Mit Salz und Pfeffer abschmecken, in einen tiefen Teller geben, den Bacon darauflegen und mit etwas Piment d'Espelette und Schnittlauch bestreuen.

YAKISOBA-PFANNE

Naruto

1 | 12 Min. | 4–5 Min.

ZUTATEN

1 Hotdog-Brötchen oder Milchbrötchen
½ EL japanische Mayonnaise (Kewpie)
1 EL Olivenöl oder Pflanzenöl
2 Scheiben Bacon, in kleine Stücke geschnitten
1 EL kleine Zwiebelwürfel
½ Knoblauchzehe, fein gehackt
1 Blatt Chinakohl, in feine Streifen geschnitten
1 Frühlingszwiebel, fein geschnitten
(weißer und grüner Teil getrennt)
1 kleines Paket vorgekochte Soba-Nudeln (Asialaden)
1 EL eingelegter roter Rettich, in feine Streifen geschnitten
1 Prise geröstete Sesamkörner

FÜR DIE YAKISOBA-SAUCE

1 EL Ketchup
1 EL Worcestersauce
½–1 EL Austernsauce (falls gewünscht)
1½ EL Sojasauce
2 TL Mirin
2 TL geröstetes Sesamöl
1 Prise Chilipulver

1 – Die Zutaten für die Yakisoba-Sauce in einer Schüssel vermengen.

2 – Das Hotdog-Brötchen aufschneiden und etwas von dem weichen Inneren entfernen, um Platz für die Nudeln zu schaffen. Mit Mayonnaise bestreichen.

3 – In einer Pfanne oder einem Wok das Öl erhitzen, den Bacon darin 2 Minuten anbraten. Dann Zwiebel, Knoblauch, den Kohl und das Weiße der Frühlingszwiebel zugeben und einige Minuten weiterbraten.

4 – Die Nudeln zugeben und unter ständigem Rühren einige Minuten mitbraten. Den grünen Teil der Frühlingszwiebel einrühren. Die Yakisoba-Sauce einrühren und noch 1 Minute köcheln lassen, damit sich die Nudeln mit der Sauce vollsaugen und alles richtig heiß ist.

5 – Die Nudeln in das Hotdog-Brötchen geben, mit Rettich und Sesamkörnern bestreuen.

Tipp:
Ein Paket Nudeln reicht für zwei Portionen.

SPAGHETTI MIT TOMATENSAUCE

Porco Rosso

1 | 10 Min. | 20 Min.

ZUTATEN

½ Zwiebel, grob gehackt
1 EL Olivenöl
120 g Rinderhack
2 Knoblauchzehen, fein gehackt
20 ml Rotwein (nach Wunsch)
220 ml passierte Tomaten
½ Möhre, geschält, fein gewürfelt
2 EL gewürfelter Staudensellerie
2 EL Tomatenmark
1 TL Zucker
2 EL Ketchup
2 TL getrockneter Oregano
1 TL getrocknetes Basilikum
Salz und Pfeffer
100 g Spaghetti

1 – In einem Topf die Zwiebel in Olivenöl anschwitzen, dann das Hackfleisch und den Knoblauch zugeben und unter Rühren anbraten, damit sich alles gut verteilt.

2 – Mit Rotwein oder Wasser ablöschen, dann passierte Tomaten, Möhre, Sellerie, Tomatenmark, Zucker, Ketchup und die getrockneten Kräuter zugeben. Salzen und pfeffern. 100 ml Wasser zugeben und bei geringer Hitze 15–20 Minuten köcheln lassen, dabei immer wieder umrühren.

3 – In der Zwischenzeit die Spaghetti nach Anweisung auf der Packung kochen.

4 – Wenn die Tomatensauce schön dick eingekocht ist, die Spaghetti zugeben und vorsichtig untermengen. Auf einem tiefen Teller servieren.

SCHINKEN-KÄSE-SANDWICH

Ponyo – das große Abenteuer am Meer

1 | 5 Min. | 10 Min. | 5 Min.

ZUTATEN

2 dicke Scheiben Weißbrot oder Brioche

2 EL japanische Mayonnaise (Kewpie)

2 Salatblätter

2 Scheiben Käse (Cheddar, Gouda, Emmentaler oder Comté)

2 dünne Scheiben Kochschinken

FÜR DEN EIERSALAT

1 großes Ei

3 EL japanische Mayonnaise (Kewpie)

¼ TL japanisches Currypulver (S&B)

Salz und Pfeffer

1 – Für den Eiersalat das Ei 10 Minuten kochen, schälen und fein hacken. Mit Mayonnaise und Currypulver vermengen, salzen und pfeffern. 5 Minuten kaltstellen.

2 – Die Brotscheiben mit Mayonnaise bestreichen. Auf eine Scheibe die Salatblätter, den Käse, den Schinken und den Eiersalat geben. Mit der zweiten Scheibe bedecken.

PAZUS FREUNDSCHAFTSTOAST

Das wandelnde Schloss

2 | 5 Min. | 5 Min.

ZUTATEN

1 EL Olivenöl

1 großes Ei

Salz und Pfeffer

2 kleine, dicke Scheiben Weißbrot

2 kleine Scheiben Käse oder geriebener Käse
(Cheddar oder Greyerzer)

1 – In einer heißen Pfanne mit Olivenöl ein Spiegelei braten, salzen und pfeffern. Das Eigelb darf nicht mehr flüssig sein, sonst wird es schwierig, es zu teilen.

2 – Auf jede Brotscheibe eine Käsescheibe oder die Hälfte des geriebenen Käses geben und 3–5 Minuten im Backofen mit der Grillfunktion überbacken. Das Grillen genau beobachten.

3 – Wenn das Brot leicht knusprig und der Käse geschmolzen ist, aus dem Backofen nehmen und auf jedes Brot eine Hälfte des Spiegeleis legen.

MIYOKOS BRATREIS MIT ANANAS

Food Wars!

1 | 15 Min. | 15–17 Min.

ZUTATEN

- 4 EL Erbsen
- ¼ Ananas
- 1 EL Olivenöl
- 150 g Geflügelhack
- Salz und Pfeffer
- 1 kleine Möhre, fein gewürfelt
- ¼ Schalotte, fein gehackt
- 1 TL frisch geriebener Ingwer
- 1 TL Austernsauce (nach Wunsch)
- 1 Schale thailändischer oder japanischer Reis vom Vortag
- 2 TL japanisches Currypulver (S&B)
- 1 TL Sojasauce
- 1 TL Agavendicksaft
- 1 großes Ei, verquirlt
- 1 Frühlingszwiebel, in Ringe geschnitten

1 – Die Erbsen 1–2 Minuten in kochendem Wasser blanchieren, dann abtropfen lassen und beiseitestellen.

2 – Die Ananas schälen, den harten Innenstrunk entfernen, das Fruchtfleisch fein würfeln. Die grüne Krone aufbewahren.

3 – In einer heißen Pfanne mit Olivenöl das Hack anbraten, salzen und pfeffern. Sobald das Fleisch durch ist, Ananas, Möhre, Schalotte und Ingwer zugeben. Weiterbraten, bis das Gemüse weich ist. Die Austernsauce einrühren, den Reis zugeben und unterrühren. Currypulver, Sojasauce und Agavendicksaft zugeben und weitere 1–2 Minuten köcheln, bis sich eine homogene Mischung ergibt.

4 – In einer kleinen Pfanne mit etwas Öl das Ei zu einem Omelett braten. Mit Frühlingszwiebel und Erbsen zu der Reismischung geben.

5 – Auf einer länglichen Platte in Form einer Ananas anrichten, mit der grünen Blattkrone dekorieren.

Tipp:
Für einen noch frischeren Geschmack noch etwas gehackten Koriander und Limettensaft zugeben. Dieses Gericht stammt aus Thailand, wo beide Gewürze sehr gebräuchlich sind.

UDONSUPPE VON AME UND YUKI

Ame & Yuki – die Wolfskinder

1 · 10 Min. · 7–8 Min.

ZUTATEN

- **1 Portion Dashi-Pulver** (Asialaden)
- **1 TL frisch geriebener Ingwer**
- **½ Möhre, geschält, schräg in dünne Scheiben geschnitten**
- **6 grüne Bohnen, halbiert**
- **1 Portionspaket weiche, vorgekochte Udon-Nudeln** (etwa 200 g, Asialaden)
- **1 EL geröstetes Sesamöl**
- **1 Frühlingszwiebel, der grüne Teil in 3 cm lange Stücke geschnitten**

1 – In einem kleinen Topf 420 ml Wasser, Dashi-Pulver, Ingwer, Möhre und Bohnen mischen. 4–5 Minuten köcheln lassen, bis das Gemüse al dente gegart ist.

2 – Die Nudeln in die Brühe geben und 2–3 Minuten kochen. Sesamöl und die Frühlingszwiebel zugeben.

3 – Heiß in einer Schale servieren.

LINS REISSCHÜSSEL MIT GELBEM RETTICH

Chihiros Reise ins Zauberland

2 · 5 Min. · 15 Min.

ZUTATEN

200 g japanischer Reis

4 Scheiben frischer Ingwer, geschält

1 Prise Salz

4 Scheiben eingelegter gelber Rettich
(Asialaden)

2 EL Sesamöl

etwas Furikake zum Servieren
(nach Wunsch)

1 – Den Reis waschen, bis das Wasser klar bleibt, dann in einem Sieb abtropfen lassen. In einen Topf geben, 500 ml Wasser, Ingwer und Salz zugeben. Auf mittlerer Hitze kochen. Nach 5 Minuten, wenn das Wasser fast aufgenommen ist, die Hitze reduzieren und weitere 5 Minuten kochen. Dann den Deckel auflegen, die Kochplatte ausschalten und den Reis weitere 5 Minuten quellen lassen.

2 – Den heißen Reis auf zwei Schüsseln verteilen, den Rettich dazugeben und das Ganze mit etwas Sesamöl beträufeln. Mit Furikake bestreuen und servieren.

2

PONYOS EINFACHE RAMEN-NUDELSUPPE

Ponyo – das große Abenteuer am Meer

2 | 5 Min. | 10 Min.

ZUTATEN

1 Ei

2 Portionspakete frische Ramen-Nudeln
(oder 2 Portionen getrocknete Ramen-Nudeln)

1 EL geröstetes Sesamöl

2 Scheiben Kochschinken, halbiert

1–2 Frühlingszwiebeln, der grüne Teil fein geschnitten

1 TL Furikake zum Servieren (nach Wunsch)

FÜR DIE BRÜHEBASIS

5 EL Sojasauce

4 EL Sake zum Kochen

4 EL Mirin

1 Prise geriebener Ingwer

4 EL Katsuobushi (Thunfischflocken, Asialaden)

4 TL Zucker

1 Prise Salz

1 – Das Ei in 5½–6 Minuten weichkochen, in kaltem Wasser abschrecken, pellen und beiseitelegen.

2 – Alle Zutaten für die Brühebasis in einem kleinen Topf mischen, aufkochen und sanft weiterköcheln lassen, bis der Zucker vollständig geschmolzen ist. Dann beiseitestellen.

3 – 700 ml Wasser in einem großen Topf zum Kochen bringen, die Nudeln hineingeben und 1 Minute (getrocknete Nudeln 3 Minuten) kochen lassen. Die Brühe zugeben, vorsichtig umrühren und noch 1 Minute weiterkochen. Das Sesamöl zugeben.

4 – Die Nudeln mit einem Schaumlöffel aus der Brühe nehmen und in zwei tiefe Teller geben (ohne die Brühe). Dann in jedem Teller eine Eihälfte, den Kochschinken und die Frühlingszwiebeln anrichten. Die Brühe angießen, sodass der Teller gut gefüllt ist, ohne dass sich die festen Zutaten vermischen. Mit Furikake bestreut servieren.

ODEN-SUPPE MIT FISCH

One Piece

1 **25 Min.** **30 Min.**

ZUTATEN

1 Ei

4 Scheiben Daikon, 1,5 cm dick, geschält und kreuzweise eingeschnitten

2 Inari-Taschen (Tofublätter, TK, Asialaden)**, aufgetaut**

2 dünne Scheiben fester Tofu

2 Frühlingszwiebeln, der grüne Teil der einen fein geschnitten, die andere zu Streifen zerteilt

4 kleine Fischklößchen (TK, Asialaden)**, aufgetaut**

1 Hähnchenunterschenkel

6 Scheiben Lotuswurzel (TK, Asialaden)**, aufgetaut**

1 Portionspaket Konjak-Nudeln (Shirataki) **oder frische Ramen-Nudeln**

FÜR DIE DASHI-BRÜHE

4 EL Katsuobushi (Thunfischflocken)

2 Kombu-Algenblätter

1 EL Sake zum Kochen

1 EL Sojasauce

2 EL Mirin

1 TL Zucker

ein paar Tropfen Sesamöl

1 – Das Ei in 5½–6 Minuten weichkochen, in kaltem Wasser abschrecken, pellen und beiseitelegen.

2 – Die Daikon-Scheiben in kochendem Wasser in 5 Minuten weichkochen, abtropfen lassen und beiseitestellen.

3 – Die Inari-Taschen mit dem festen Tofu füllen und mit einem Streifen Frühlingszwiebel verschließen.

4 – Für die Dashi-Brühe in einem kleinen Topf 400 ml Wasser, die Thunfischflocken und die Kombu-Algenblätter 5 Minuten aufkochen, dann abseihen. Die Kombublätter aufheben und verknoten, sie werden zur Dekoration gebraucht. Die Brühe wieder in den Topf geben, Sake, Sojasauce, Mirin, Zucker und Sesamöl zugeben.

5 – Die gekochten Daikon-Scheiben, die Fischklößchen, die Inari-Taschen, den Hähnchenschenkel und die Lotuswurzel in die Dashi-Brühe geben und 8–10 Minuten kochen. Die Nudeln in den letzten Minuten in die Brühe geben (zuvor zu kleinen Bündeln formen und verknoten). Die Suppe in tiefen Tellern servieren, je ein halbes Ei zugeben, das Hähnchenfleisch abzupfen und hinzufügen und die Suppe mit Frühlingszwiebelgrün bestreuen.

Tipp:
Wer Lust auf eine echte japanische Oden-Suppe mit vielen Fischklößchen etc. hat, findet in der Tiefkühlabteilung von Asialäden komplette Packungen mit allen Zutaten, die man nur noch in die Dashi-Brühe geben muss. Sie nennen sich »Oden-Kit« oder »Nerimono«. Die Klößchen sind aus Fisch oder Surimi.

Tipp:
Man kann auch selbst gemachte Naruto Fischrolle (siehe Seite 108) in die Suppe geben.

TAKUMIS FRITTATA MIT SALAT

Food Wars!

1 · 15 Min. · 5 Min.

ZUTATEN

FÜR DEN SALAT

2 Salatherzen, zerpflückt

8 Scheiben Bio-Salatgurke

5 Kirschtomaten, halbiert

1 EL Crema di Balsamico

etwas geriebener Parmesan

FÜR DIE FRITTATA

Olivenöl zum Braten

3 EL fein gehackte Zwiebeln

⅛ rote Paprikaschote, in feine Streifen geschnitten

½ Hähnchenbrustfilet, am Vortag gekocht und in kleine Stücke geschnitten

Salz und Pfeffer

4 Eier

2 EL Schnittlauchröllchen

2 EL geriebener Greyerzer

¼ Kugel Mozzarella, gewürfelt

FÜR DIE VINAIGRETTE

1 EL heller Essig

1 TL Dijonsenf

1 TL Agavendicksaft

Salz und Pfeffer

2 EL Olivenöl

①

②

1 – Für die Vinaigrette alle Zutaten außer dem Öl in einem Glas verrühren. Dann das Öl zugeben und zu einer homogenen Mischung verrühren.

2 – Für die Frittata in einer Pfanne das Olivenöl erhitzen, Zwiebelwürfel und Paprikastreifen anschwitzen, bis die Zwiebelwürfel glasig werden. Das Hähnchenfleisch zugeben, salzen und pfeffern.

3 – Die Eier in einer Schüssel verquirlen, die Zutaten aus der Pfanne dazugeben. Den Schnittlauch, geriebenen Greyerzer und Mozzarella zugeben. Salzen und pfeffern.

4 – Eine kleine Pfanne erhitzen, wieder etwas Olivenöl hineingeben und die Eiermischung darin 3–4 Minuten stocken lassen. Die Frittata vorsichtig mithilfe eines flachen Tellers umdrehen und noch 1 Minute von der anderen Seite braten.

5 – Die Frittata in große Stücke schneiden (gebraucht wird nur etwa die Hälfte oder drei Viertel, den Rest gibt's als Snack).

6 – In einer Schale die gewaschenen Salatblätter anordnen, mit etwas Vinaigrette beträufeln und vermischen. Die Frittatastücke darauflegen und mit Gurkenscheiben und Kirschtomaten dekorieren. Am Schluss noch etwas Crema di Balsamico darübergeben und mit Parmesan bestreuen.

ARRIETTYS GÄRTNERINNENSUPPE

Arrietty: Die wundersame Welt der Borger

1 | 12 Min. | 20 Min.

ZUTATEN

Olivenöl zum Braten

2 kleine Kartoffeln, fein gewürfelt

1 kleine Möhre, fein gewürfelt

¼ kleine Zwiebel, fein gehackt

3 Brokkoliröschen

1 Handvoll Babyspinat oder ein großes Spinatblatt, in Streifen geschnitten

1 kleines Hähnchenbrustfilet, gewürfelt

Salz und Pfeffer

15 g Butter

15 g Mehl, Type 405

200 ml Milch

frisch geriebener Muskat

200–240 ml Gemüsebrühe

etwas fein gehackte Petersilie

1 – Etwas Olivenöl in einem Topf erhitzen, Kartoffeln, Möhre und Zwiebel darin anschwitzen, bis die Zwiebelwürfel glasig werden. Den Brokkoli zugeben und kurz weiterbraten. Dann das Gemüse (auch den Spinat) in eine Schüssel geben.

2 – Eine Pfanne mit etwas Olivenöl erhitzen, das Hähnchenfleisch darin braten, salzen und pfeffern und beiseitestellen.

3 – In einem Topf die Butter zerlassen, das Mehl mit dem Schneebesen einrühren. Die Milch unter ständigem Rühren nach und nach zugeben und aufkochen lassen, bis die Mischung andickt. Mit Muskat, Salz und Pfeffer abschmecken.

4 – Die Sauce mit Brühe so weit verdünnen, dass sie noch schön sämig und nicht zu flüssig ist. Gemüse und Hähnchenfleisch hineingeben und ein paar Minuten erhitzen. Heiß und mit etwas Petersilie bestreut servieren.

SŌMAS FURIKAKE-REIS

Food Wars!

1 15 Min. 15 Min. mindestens 1 Stunde

ZUTATEN

200 ml Geflügelbrühe (selbst gemacht oder von guter Qualität aus dem Handel)

1 TL Gelatinepulver (oder 1¼ Blattgelatine)

100 g japanischer Reis

2 Eier

Salz und Pfeffer

Olivenöl

1 Frühlingszwiebel, der grüne Teil fein geschnitten

1 – In einem Topf die Geflügelbrühe erhitzen, das Gelatinepulver (oder die eingeweichte Blattgelatine) zugeben und das Ganze mindestens 1 Minute köcheln lassen. Dabei kräftig mit dem Schneebesen rühren, damit eine homogene Mischung entsteht. Die Flüssigkeit in einen kleinen Behälter mit Deckel gießen und mindestens eine Stunde im Kühlschrank abkühlen und gelieren lassen. Das Gelee in Würfel schneiden.

2 – Den Reis unter fließendem Wasser abspülen, bis das Wasser klar bleibt. Dann mit den 250 ml Wasser und etwas Salz in einen Topf geben. Bei mittlerer Hitze aufkochen. Nach 5 Minuten, wenn das Wasser fast vollständig aufgenommen ist, die Hitze reduzieren und weitere 5 Minuten köcheln lassen. Dann den Herd ausschalten, den Deckel auflegen und weitere 5 Minuten quellen lassen.

3 – Die Eier in einer Schüssel verquirlen, salzen und peffern. In einer kleinen Pfanne etwas Olivenöl erhitzen, die Eier hineingeben und zu einem Omelett stocken lassen. Das Omelett zerreißen und unter den Reis mischen. In einem tiefen Teller servieren, die Geleewürfel daraufgeben und mit Frühlingszwiebel bestreuen. Sehr heiß genießen.

Tipp:
Der Witz bei diesem Gericht ist, dass das Gelee auf dem Reis schmilzt. Man muss zügig arbeiten und den mit Ei gemischten Reis sehr heiß halten, damit das so gelingt wie bei Sōma.

LACHS MIT BEURRE BLANC

Porco Rosso

1 15 Min. 15–18 min

ZUTATEN

1 frisches Lachsfilet
Olivenöl
Salz und Pfeffer
fein gehackte Petersilie
1 Portion gemischter Salat

FÜR DIE MÖHREN
6 kleine Möhren, gewaschen
Olivenöl
1 Prise geräuchertes Paprikapulver

FÜR DIE BEURRE BLANC
60 ml Weißwein
1 Schalotte, fein gehackt
100 g Schlagsahne
15 g Süßrahmbutter, Zimmertemperatur, in kleine Stücke geschnitten
Pfeffer

1 – Die Möhren 3 Minuten blanchieren, dann in sehr kaltem Wasser abschrecken.

2 – Den Backofen auf 180 °C Umluft vorheizen. Das Lachsfilet auf eine ofenfeste Platte legen, mit etwas Olivenöl beträufeln, salzen und pfeffern. 10 Minuten backen, der Lachs sollte innen noch leicht glasig sein.

3 – Für die Beurre blanc den Weißwein in einer Pfanne zusammen mit den Schalottenwürfeln erhitzen und reduzieren lassen. Wenn er fast verdampft ist, die Sahne zugeben, umrühren und etwa 1 EL Butterstückchen zugeben. Sobald sie geschmolzen ist, weitere Butter zugeben und immer gut verrühren. Am Ende mit Pfeffer abschmecken.

4 – Die Möhren ganz zum Schluss in etwas Olivenöl anbraten, salzen und pfeffern.

5 – Den Lachs auf einem Teller anrichten, mit Beurre blanc bedecken, die Möhren dazulegen. Den Fisch mit Petersilie, die Möhren mit geräuchertem Paprika bestreuen. Den Mischsalat dazu servieren.

Tipp:
Für besonders hungrige Esser kann man eine Schale Reis, eine Scheibe Focaccia oder etwas Baguette dazu servieren.

FÜR DEN GROSSEN HUNGER

GOKUS POWERBURGER

Dragon Ball

1 | 10 Min. | 2 Min.

ZUTATEN

1 großes Hacksteak
Salz und Pfeffer
1 Burgerbrötchen
1 Stückchen zimmerwarme Butter
3 Scheiben Cheddar (möglichst je 1 in Rot, Orange und Weiß)
1 EL Mayonnaise
etwas Senf und Ketchup
2 Scheiben Tomaten
ein paar Zwiebelringe
4 dicke Scheiben Cornichon oder Essiggurke
1 Portion Eisbergsalat, in Streifen geschnitten

1 – Das Hacksteak halbieren und zu zwei Bratlingen formen. Mit Salz und Pfeffer würzen.

2 – Das Burgerbrötchen mittig halbieren, die Schnittflächen mit Butter bestreichen und im Backofen erwärmen.

3 – Eine unbeschichtete Pfanne stark erhitzen, die Bratlinge hineinlegen und mit einem Pfannenwender flachdrücken. Nach 1 Minute umdrehen, je eine Scheibe Käse darauflegen.

4 – Nach einer weiteren Minute die Hacksteaks aufeinanderlegen und die dritte Scheibe Käse auflegen. Für etwa 30 Sekunden im Backofen übergrillen.

5 – Beide Brötchenhälften mit Mayonnaise, Senf und Ketchup bestreichen, das doppelte Hacksteak auf die untere Hälfte geben, mit Tomate, Zwiebel, Cornichon und Eisbergsalat garnieren und die zweite Brötchenhälfte auflegen.

DEKUS KATSUDON

My Hero Academia

1 · 10 Min. · 10 Min.

ZUTATEN

- **2 Eier**
- **8 EL Panko-Paniermehl**
- **Salz**
- **1 EL Weizen- oder Reismehl**
- **1 kleines Schweinesteak**
- **300 ml Sonnenblumenöl zum Frittieren**
- **100 g Reis**
- **1 Prise Dashi-Pulver** (nach Wunsch)
- **1 EL Sojasauce**
- **1 EL Mirin**
- **¼ TL Zucker**
- **¼ kleine Zwiebel, in Scheiben geschnitten**
- **2 EL fein geschnittene Frühlingszwiebeln**
- **1 EL eingelegter gelber Rettich**

1 – Jeweils ein Ei in einer Schüssel verquirlen. Paniermehl und mit etwas Salz vermischtes Mehl jeweils auf einen Teller geben.

2 – Das Schweinesteak klopfen und viermal längs einschneiden.

3 – Das Steak erst durch das Mehl, dann durch ein verquirltes Ei und schließlich durch das Paniermehl ziehen. Das Sonnenblumenöl in einer tiefen Pfanne auf 170 °C erhitzen und das Steak darin frittieren. Nach 2 Minuten umdrehen und fertig frittieren. Auf Küchenpapier abtropfen lassen, dann in 6 Stücke schneiden.

4 – Den Reis nach den Angaben auf der Packung garen und beiseitestellen.

5 – In einem kleinen Topf oder einer Pfanne Dashi-Pulver, 60 ml Wasser, Sojasauce, Mirin, Zucker und Zwiebel mischen, aufkochen lassen und durchrühren. Das Schweinefleisch so hineinlegen, als wäre es noch im ganzen Stück, das zweite verquirlte Ei darübergeben, Deckel auflegen und etwa 40 Sekunden garen lassen. Den Deckel wieder abnehmen und weiterkochen, bis die richtige Konsistenz erreicht ist. Vom Herd nehmen.

6 – Den heißen Reis in eine Schale geben, das Katsudon darauflegen und mit Frühlingszwiebel bestreuen. Den eingelegten Rettich dazu servieren.

SŌMAS RINDERRAGOUT

Food Wars!

1 · 15 Min. · 25–30 Min.

ZUTATEN

180 ml Kalbsfond
6 Silberzwiebeln (aus dem Glas)
1 Möhre, in Stifte geschnitten
1 EL fein gewürfelter Staudensellerie
130 ml Rotwein
1 EL süße Sojasauce
1 TL Tomatenmark
1 Stück Rinderfilet, klein gewürfelt
Olivenöl
Salz und Pfeffer
frischer Thymian zum Anrichten (nach Wunsch)

1 – Den Kalbsfond mit Zwiebeln, Möhre und Sellerie 5 Minuten kochen lassen.

2 – In einem zweiten Topf den Rotwein um ein Drittel reduzieren, dann den Kalbsfond, die Sojasauce und das Tomatenmark zugeben. Alles aufkochen lassen und beiseitestellen.

3 – Die Fleischstücke in einer Pfanne in heißem Olivenöl einige Minuten kräftig anbraten, salzen, pfeffern, wenden und einige Minuten weiterbraten.

4 – Das Fleisch in die Sauce geben. Mit einem guten Kartoffelpüree oder Reis und mit frischem Thymian bestreut servieren.

LUFFYS TONKATSU-BURGER

One Piece

1 | 20 Min. | 20 Min.

ZUTATEN

1 Burgerbrötchen

1 Stückchen zimmerwarme Butter

1 Portion Pommes frites (TK für den Backofen)

etwas Senf

1 kleine Portion Eisbergsalat, fein geschnitten

einige Zwiebelringe

4 Jalapeño-Ringe (aus dem Glas oder frisch)

ein paar Scheiben Cornichon oder Essiggurke

¼ TL Dashi-Pulver

¼ TL Salz

FÜR DIE EIERCREME

3 EL japanische Mayonnaise (Kewpie)

1 hartgekochtes Ei, fein gehackt

2 EL fein geschnittene Frühlingszwiebel

1 Prise japanischer Paprika

Salz und Pfeffer

FÜR DAS TONKATSU

1 Ei

8 EL Panko-Paniermehl

Salz

1 EL Weizen- oder Reismehl

1 kleines Hähnchenbrustfilet

300 ml Sonnenblumenöl

1 – Das Burgerbrötchen mittig aufschneiden, die Schnittflächen mit Butter bestreichen und das Brötchen im Backofen aufwärmen.

2 – Die Pommes frites im Backofen nach Packungsanweisung backen.

3 – In einer Schüssel für die Eiercreme Mayonnaise, gehacktes Ei, Frühlingszwiebel und Paprika zu einer Creme verrühren. Mit Salz und Pfeffer abschmecken.

4 – Für das Tonkatsu das Ei in einem tiefen Teller verquirlen. Paniermehl und mit etwas Salz vermischtes Mehl jeweils in einen Teller geben. Das Hähnchenbrustfilet mit dem Nudelholz flach drücken.

5 – Das Hähnchenbrustfilet von beiden Seiten durch Mehl, Ei und Paniermehl ziehen. Das Sonnenblumenöl auf 170 °C erhitzen und das Filet darin frittieren. Nach 2 Minuten wenden. Wenn es fertig ist, auf Küchenpapier abtropfen lassen.

6 – Die Brötchenhälften mit Senf bestreichen, den Eisbergsalat darauflegen. Das Hähnchenfilet und etwas Eiercreme auf die eine Hälfte geben, mit Zwiebelringen, Jalapeño und Cornichon belegen. Die zweite Brötchenhälfte darauflegen.

7 – Die Pommes frites aus dem Backofen nehmen, salzen und mit Dashi-Pulver bestreuen und gut durchmischen. Zu dem Burger servieren.

Tipp:
Wenn das Dashi-Pulver zu grob ist, kann es im Mörser zu einem feineren Pulver zerstoßen werden.

NARUTOS PEPERONI-PIZZA

Naruto

2 | 10 Min. | 10–12 Min.

ZUTATEN

150 g geschälte Tomaten aus der Dose
(vorzugsweise San Marzano)

1 Prise Salz

8 große Blätter Basilikum
(plus mehr für die Garnierung)

Olivenöl

1 Rolle Pizzateig (Kühlregal)

125 g Mozzarella, in feine Scheiben geschnitten

1 Prise getrockneter Oregano

80 g Peperoni-Salami, in Scheiben geschnitten

1 – Die Tomaten in eine Schüssel geben und mit den Händen grob zerdrücken. Salz, Basilikum und einen Schuss Olivenöl zugeben und gut umrühren.

2 – Den Pizzateig auf Backpapier ausrollen. Mit der Tomatensauce bestreichen, dabei aber einen Rand von 2 cm frei lassen. Dann den Mozzarella, den Oregano und die Salamischeiben darauflegen. Nach Packungsangabe backen.

3 – Kurz vor dem Servieren mit einigen Basilikumblättern garnieren.

MOZUYAS KARAAGE

Food Wars!

1 | 10 Min. | 4–5 Min. | 30 Min.

ZUTATEN

100 g Reis

einige Brokkoli-Röschen

Salz und Pfeffer

1 EL japanische Mayonnaise (Kewpie)

1 TL japanisches Currypulver

1 kleines Hähnchenbrustfilet, gewürfelt

2 EL Speisestärke

300 ml Sonnenblumenöl zum Frittieren

1 Portion Weißkohl, fein geschnitten

Saft von ½ Zitrone

gerösteter Sesam zum Garnieren

FÜR DIE MARINADE

1½ EL Sojasauce

½ EL geröstetes Sesamöl

1 TL Sake oder Mirin

½ EL Agavendicksaft

½ TL frisch geriebener Ingwer

½ Knoblauchzehe, durchgepresst

1 – Den Reis nach Packungsangabe kochen und warmhalten.

2 – Den Brokkoli 4 Minuten kochen, abgießen, salzen und pfeffern, dann ebenfalls warmhalten.

3 – In einer kleinen Schüssel Mayonnaise und Currypulver verrühren. Beiseitestellen.

4 – In einer großen Schüssel die Zutaten für die Marinade mischen, das Fleisch hineingeben und 30 Minuten im Kühlschrank marinieren.

5 – Das Fleisch abtropfen lassen, mit Speisestärke bestäuben. Das Öl auf 170 °C erhitzen und das Fleisch darin frittieren; nach 1 Minute wenden. Wenn es schön goldbraun ist, auf Küchenpapier abtropfen lassen.

6 – Auf einem tiefen Teller oder in einer Schale den Reis, das Hähnchenfleisch, den Weißkohl und den Brokkoli hübsch anrichten. Mit Zitronensaft beträufeln und mit Sesamkörnern bestreuen. Die Currymayonnaise dazu servieren.

Tipp:
Das Hähnchenfleisch in kleinen Portionen frittieren, damit das Öl nicht zu sehr abkühlt.

NUDELN NACH ART DES TANUKI-TALS

Pom Poko

1 · 12 Min. · 12 Min.

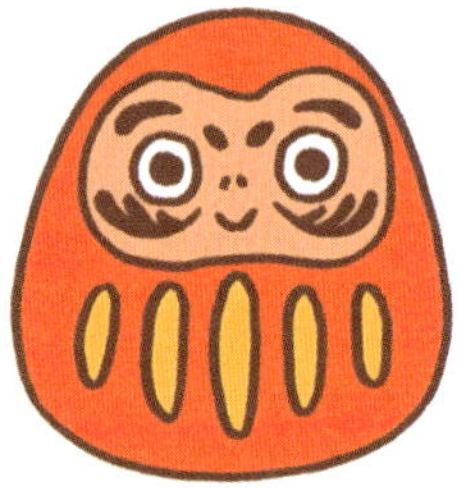

ZUTATEN

FÜR DIE NUDELN MIT RINDFLEISCH

1 Ei

Olivenöl oder geröstetes Sesamöl zum Braten

2 Knoblauchzehen, fein geschnitten

1 kleines Rindersteak (100 g)

2 EL Sojasauce

½ TL frisch geriebener Ingwer

1 TL Agavendicksaft oder 1 Prise Zucker

1 EL Mirin

1 Portion Ramen-Nudeln (60 g Instant oder 200 g frische)

1 kleines Stück Nori-Alge

3 EL fein geschnittene Frühlingszwiebel

Furikake

FÜR DIE SOJA-BRÜHE (SHOYU)

4 EL Sojasauce

2 EL Sake zum Kochen

2 EL Mirin

2 EL Katsuobushi (Thunfischflocken)

1 Prise Zucker

1–2 TL geröstetes Sesamöl (nach Geschmack)

1 – Das Ei in einem Topf mit Wasser 5½ Minuten lang weichkochen und in kaltem Wasser abschrecken. Anschließend das Ei pellen und längs halbieren.

2 – In einer Pfanne etwas Olivenöl erhitzen, den Knoblauch darin goldbraun braten und beiseitestellen.

3 – Das Steak in etwas Öl von jeder Seite 3 Minuten braten. Am Ende der Bratzeit die Sojasauce, geriebenen Ingwer, Agavendicksaft und Mirin zugeben und das Fleisch darin wenden. Das Steak dann in Streifen schneiden.

4 – Alle Zutaten für die Brühe in einen kleinen Topf geben, aufkochen und gut durchrühren. 400 ml Wasser zugeben und wieder umrühren. Die Nudeln in dieser Brühe 2 Minuten köcheln lassen (frische Nudeln nur 1 Minute).

5 – Die fertigen Nudeln in eine Schale geben, das Fleisch darauf verteilen, mit gebratenem Knoblauch, aufgeschnittenem Ei, Nori-Alge und Frühlingszwiebel garnieren. Am Ende vorsichtig die Brühe angießen und das Ganze mit etwas Furikake bestreuen.

KOTAS GEMÜSECURRY

My Hero Academia

2   10 Min.   25–30 Min.

ZUTATEN

200 g japanischer oder thailändischer Reis

1 Prise Salz

Olivenöl oder anderes Pflanzenöl zum Braten

3 kleine Kartoffeln (ca. 260 g)**, gewürfelt**

90 g Daikon (weißer Rettich)**, gewürfelt**

1 Möhre (ca. 90 g)**, in Scheiben geschnitten**

½ Zwiebel, gehackt

40 g japanische Currypaste

1 Frühlingszwiebel, fein geschnitten (nach Wunsch)

Furikake

1 – Den Reis in Salzwasser nach Packungsangabe garen und warmhalten.

2 – Etwas Olivenöl in einem großen Topf erhitzen und darin das Gemüse anbraten, ohne dass es Farbe annimmt. 400 ml Wasser zugeben und 13–15 Minuten köcheln lassen, bis das Gemüse gar ist.

3 – Die Currypaste in etwas heißem Wasser auflösen und zum Gemüse geben. Den Topf vom Herd nehmen und alles gut verrühren.

4 – Den Reis und das Gemüsecurry in einem tiefen Teller anrichten und mit Frühlingszwiebel und etwas Furikake bestreuen.

Tipp:
Japanisches Curry ist eigentlich ein Gemüsegericht, doch wer gern Fleisch mag, kann natürlich klein geschnittenes Hähnchen- oder Schweinefleisch mit hineingeben.

SŌMAS BŒUF BOURGUIGNON

Food Wars!

2 | 15 Min. | 25 Min.

ZUTATEN

- Olivenöl oder anderes Pflanzenöl zum Braten
- 4 Champignons, geviertelt
- 1 EL Butter plus 1 TL zum Verfeinern der Sauce
- ½ kleine Zwiebel, gehackt
- 1 kleine Knoblauchzehe
- 40 ml Rotwein
- 300 ml Kalbsfond
- 1 TL Tomatenmark
- 1 EL Ketchup
- 1 großes Lorbeerblatt
- ½ TL Zucker
- 120 g Rindersteak, in 2 × 3 cm große Stücke geschnitten
- Salz und Pfeffer
- 200 g Reis
- ½ Möhre, schräg in Scheiben geschnitten
- 2 Portionen grüne Bohnen
- 1 EL Speisestärke zum Binden der Sauce
- 1 EL helle Misopaste
- 1 TL Sojasauce
- etwas gehackte Petersilie

1 – In einem großen (Schmor-)Topf etwas Olivenöl erhitzen. Die Champignons darin ca. 5 Minuten anbraten, bis alle Flüssigkeit verdampft ist. Die Pilze auf einem Teller beiseitestellen.

2 – Einen Esslöffel Butter in den Topf geben, dazu Zwiebel und Knoblauch. Unter Rühren leicht anbräunen, dann mit Rotwein und Kalbsfond ablöschen. Tomatenmark, Ketchup, Lorbeerblatt und Zucker zugeben und alles gut verrühren.

3 – Das Fleisch zugeben, salzen und pfeffern. Aufkochen lassen und gelegentlich den Schaum abschöpfen. Bei schwacher Hitze 15–20 Minuten köcheln lassen, bis das Fleisch weich ist.

4 – Den Reis nach Packungsangabe zubereiten und warmhalten.

5 – Die Möhren und Bohnen in gesalzenem Wasser 2 Minuten blanchieren, danach mit kaltem Wasser abschrecken.

6 – Die Champignons, Möhren und Bohnen zum Fleisch geben und ein paar Minuten mitköcheln lassen.

7 – Die Speisestärke mit 1 EL kaltem Wasser verrühren. Dann zum Fleisch geben und aufkochen lassen, sodass die Sauce andickt. Vom Herd nehmen und Misopaste, Sojasauce und restliche Butter einrühren.

8 – Mit Petersilie bestreuen und mit Reis servieren.

Tipp:

Roux Hayashi kann man auch fertig im Asialaden kaufen. Sie enthält normalerweise Rindfleisch, Zwiebeln und Champignons in einer dicken Demi-Glace-Sauce, die mit Rotwein und Tomatensauce verfeinert ist. Man kann sie je nach Geschmack mit Bohnen und Möhren verfeinern.

FÜR REGENTAGE

SŌMAS KARTOFFELBRATEN

Food Wars!

2–4 | 40 Min. | 1 Std. | 30 Min.

ZUTATEN

1 kräftiger Schuss Olivenöl
200 g Champignons, fein gehackt
1 Zwiebel, fein gehackt
2 TL fein gehackter frischer Thymian
2 EL Whisky
Salz und Pfeffer
1,2 kg Kartoffeln (festkochende Sorte), geschält und halbiert
16 Scheiben Bacon
Küchengarn
10 Rosmarinzweige
etwas fein gehackte Petersilie

FÜR DIE SAUCE

180 ml Rotwein
50 ml Sojasauce
1 TL Speisestärke
20 ml Sake
1 TL Zucker

1 – In einer Pfanne das Olivenöl erhitzen und Champignons, Zwiebel und Thymian darin anbraten (nicht zu braun werden lassen). Mit Whisky ablöschen und weiterköcheln, bis der Alkohol verdampft ist. Salzen und pfeffern und beiseitestellen.

2 – In einem großen Topf mit gesalzenem Wasser die Kartoffeln 25 Minuten lang kochen, bis sie gar sind.

3 – Die Kartoffeln mit einer Gabel oder einem Stampfer zu Kartoffelpüree zerstampfen, die Champignonmischung zugeben und gut vermengen.

4 – Auf der Arbeitsfläche Frischhaltefolie ausbreiten, das Püree darauf länglich zusammenschieben, fest aufrollen und im Kühlschrank 30 Minuten ruhen lassen.

5 – 12 Scheiben Bacon auf der Arbeitsfläche anordnen, sodass sie sich leicht überlappen. Die letzten 4 Scheiben kreuzweise legen, sie werden später die Enden des Bratens abdecken.

6 – Die Frischhaltefolie entfernen, den Braten auf die Baconscheiben legen und aufrollen. Die Enden mit den gekreuzten Baconscheiben verschließen. Mit Küchengarn zusammenbinden, sodass die Baconscheiben sich nicht lösen können. Die Rosmarinzweige unter das Küchengarn schieben. Das Ganze mit etwas Olivenöl bestreichen.

7 – Den Backofen auf 175 °C Umluft vorheizen, den Braten darin garen, am Ende eventuell für 5 Minuten den Grill einschalten.

8 – Für die Sauce den Rotwein leicht köcheln lassen, Sojasauce, in kaltem Wasser aufgelöste Stärke, Sake und Zucker zugeben. Alles zusammen 5–8 Minuten reduzieren lassen. Die Sauce zu dem Braten servieren. Den Braten vor dem Servieren mit Petersilie bestreuen.

KIKIS LACHSGRATIN

Kikis kleiner Lieferservice

2 · 30 Min. · 1 Std.

ZUTATEN

600 g Kürbis, geschält und klein gewürfelt
½ Zwiebel, gehackt
1 Knoblauchzehe, gehackt
Olivenöl zum Braten
2 EL Schnittlauchröllchen
½ TL Currypulver
½ TL gemahlener Kreuzkümmel
1 TL Sesamöl
Salz und Pfeffer
1 Lachsfilet, in feine Streifen geschnitten
2 Pakete Blätterteig (TK oder Kühlregal)
10 schwarze Oliven, entsteint
1 Eigelb, mit Wasser verquirlt, zum Bestreichen

FÜR DIE BÉCHAMELSAUCE MIT PARMESAN

2 EL Butter
2 EL Mehl, Type 405
270 ml Milch
½ Knoblauchzehe, durchgepresst
3 EL geriebener Parmesan
1 Prise Muskat
Salz und Pfeffer

1 – Den Kürbis 20–25 Minuten dämpfen, bis die Würfel schön weich sind.

2 – Zwiebel und Knoblauch in etwas Olivenöl in der Pfanne leicht anbräunen.

3 – Die Kürbisstücke mit Küchenpapier trocken tupfen, mit einer Gabel zerdrücken. Zwiebel und Knoblauch zugeben, außerdem Schnittlauch, Curry, Kreuzkümmel, Sesamöl, Salz und Pfeffer.

4 – Eine ofenfeste Form ausbuttern, das Kürbispüree hineingeben und mit einem Spatel glatt verstreichen.

5 – Für die Béchamelsauce die Butter in einem Topf zerlassen, das Mehl zugeben, gut verrühren, dann nach und nach unter ständigem Rühren die Milch zugeben. Mit dem Schneebesen kräftig rühren, damit sich keine Klümpchen bilden. Wenn die Sauce cremig andickt, Parmesan und Knoblauch zugeben, mit Muskat, Salz und Pfeffer abschmecken.

6 – Die Sauce auf das Püree geben, dann die Lachsstreifen auflegen. Mit der einen Portion Blätterteig abdecken, dabei die Ränder gut verschließen.

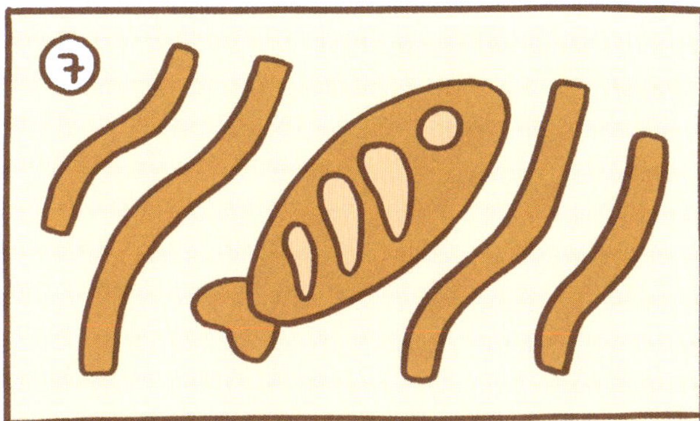

7 – Aus der zweiten Portion Blätterteig 10 lange Streifen von 2 cm Breite und eine Fischform schneiden. Vorsichtig vom Trägerpapier abziehen und auf das Gratin legen.

8 – Mit einigen Oliven garnieren, dann mit dem verquirlten Eigelb bestreichen. Im vorgeheizten Backofen bei 180 °C Umluft 35–40 Minuten backen.

Tipp:

Echte Künstler entwerfen den Fisch vorher auf einem Blatt Papier und übertragen die Formen dann auf den Blätterteig.

UMIS BENTO

Der Mohnblumenberg

1 | 25 Min. | 15 Min. | 10 Min.

ZUTATEN

FÜR DEN REIS

140 g japanischer Sushireis

5 EL gesüßter Reisessig für Sushi

FÜR DEN SPINAT

1 Portion Blattspinat

1 EL geröstetes Sesamöl

Salz und Pfeffer

FÜR DIE GOMA-SAUCE

2 EL Sesampaste (Bioladen)

1 TL Sojasauce

1 TL Agavendicksaft

1 TL Reisessig

je 1 Prise Salz und weißer Pfeffer

1 Prise geröstete Sesamkörner zum Garnieren

1–2 EL sehr heißes Wasser

FÜR DAS OMELETT

4 Eier, verquirlt

1 TL Sojasauce

1 TL Zucker

1 Prise Dashi-Pulver (nach Wunsch)

Pflanzenöl zum Braten

WEITERE ZUTATEN

1 japanisches Würstchen oder Wiener Würstchen

Pflanzenöl zum Braten

1 Umeboshi (Salzpflaume, Asialaden)

1 geh. EL Katsuobushi (Thunfischflocken)

1 TL Sojasauce

1 – Für das Omelett die Eier mit Sojasauce, Zucker und Dashi-Pulver verrühren. In einer kleinen Pfanne mit heißem Öl dünne Omeletts braten, die nicht gewendet werden. Die Omeletts nach und nach mit der gebratenen Seite nach außen aufrollen. In Scheiben schneiden.

2 – Den Reis unter fließendem Wasser abspülen, bis das Wasser klar bleibt, dann abtropfen lassen und in einem Topf mit 140 ml Wasser kochen. Sobald das Wasser kocht, den Deckel auflegen und 5 Minuten kochen, dann die Hitze reduzieren und weitere 5 Minuten kochen. Vom Herd nehmen und im abgedeckten Topf noch 10 Minuten quellen lassen. Den Sushi-Essig zugeben und vorsichtig umrühren.

3 – Den Spinat in einer Pfanne mit heißem Sesamöl anbraten, salzen und pfeffern. Sobald die Blätter weich sind, vom Herd nehmen und beiseitestellen.

4 – Für die Goma-Sauce alle Zutaten in einer kleinen Schüssel verrühren.

5 – Das Würstchen mit einem spitzen Messer kreuzförmig einschneiden und in etwas heißem Öl braten.

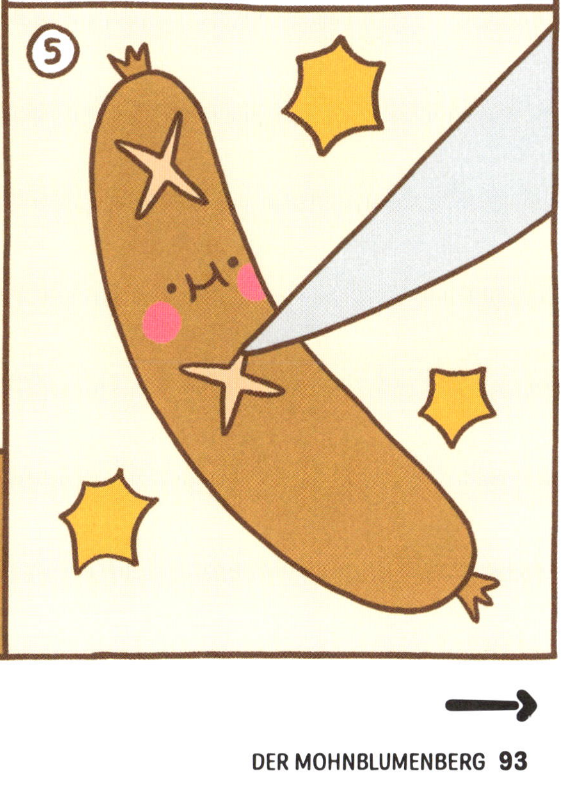

6 – Den Reis in die Bento-Box geben, darauf die Omelett-Röllchen, das Würstchen und die Umeboshi. Etwas Katsuobushi und Sojasauce daraufgeben. Den Spinat und die Gomasauce darauf anrichten und mit Sesamkörnern bestreuen.

BRATREIS MIT GRÜNEM TEE

Rokuhōdō Yotsuiro Biyori

1 15 Min. 15 Min.

ZUTATEN

FÜR DEN TEE

1 TL Grüntee (Sencha oder Genmaicha)

150 ml siedendes Wasser

FÜR DAS OMELETT

3 Eier

1 TL Speisestärke

Pflanzenöl zum Braten

FÜR DEN BRATREIS

Pflanzenöl zum Braten

2 EL fein gehackte Zwiebel

40 g Speck, fein gewürfelt, oder 1 Scheibe Bacon, fein gehackt

1 EL Konnyaku (Paste aus der Konjak-Wurzel, Asialaden, nach Wunsch)

2 Champignons, fein gehackt

1 Portion japanischer oder thailändischer Reis, vorgekocht

Nori-Algenblättchen zum Garnieren

1 EL Edamame oder Erbsen, vorgekocht

1 – In einer Pfanne etwas Öl erhitzen und darin Zwiebel, Speck, Konnyaku und Champignons anbraten, salzen und pfeffern. Sobald alles etwas angebräunt ist, den Reis zugeben und bei mittlerer Hitze braten. Den fertigen Reis warmhalten.

2 – Für das Omelett die Eier in einer Schüssel mit 1 EL Wasser und Speisestärke verquirlen, die Mischung dann durch ein Sieb streichen.

3 – In einer Pfanne mit Ø 20 cm etwas Öl erhitzen. Die Pfanne muss sehr heiß sein (zum Prüfen einen Tropfen Eiermasse hineingeben, er muss sofort braten). Die Eiermasse in die Pfanne geben und stocken lassen, bis die Unterseite fest ist. Mit zwei Stäbchen das Omelett erst zur Mitte ziehen, dann die Stäbchen in eine Hand nehmen und die Pfanne darunter langsam drehen, sodass ein Strudel entsteht.

4 – Wenn sich das Omelett nicht weiter drehen lässt, den Reis auf einen Teller häufen und das Omelett vorsichtig auf den Berg aus Reis gleiten lassen. Mit Algenblättchen und Edamame oder Erbsen garnieren.

5 – Dazu gibt es heißen Grüntee.

TAKUMIS PIZZA MIT FLEISCH UND KÄSE

Food Wars!

2 | 15 Min. | 10–13 Min.

ZUTATEN

70 g Rindersteak, in feine Streifen geschnitten

2 EL geröstetes Sesamöl

Salz und Pfeffer

2 EL Sojasauce

2 TL Mirin

2 EL Zucker

30 g frischer Ingwer, geschält und in feine Scheiben geschnitten

1 Portion Pizzateig (selbst gemacht oder aus dem Kühlregal)

1 EL Misopaste

2 TL Limettensaft

1 Frühlingszwiebel, der weiße Teil fein geschnitten

1 Kugel Mozzarella, halbiert und gewürfelt

3 EL Ricotta

1 Prise schwarzer Pfeffer

3–4 EL geriebener Parmesan

20 g Gorgonzola, klein gezupft

1 – Das Fleisch in Sesamöl anbraten, salzen und pfeffern, dann Sojasauce, Mirin, Zucker, 1 TL Wasser und Ingwer zugeben. Alles gut vermischen und beiseitestellen.

2 – Den Pizzateig auf Backpapier ausrollen. Die eine Hälfte mit einer Mischung aus Misopaste, Limettensaft und Bratensaft aus der Pfanne bestreichen. Dann das Fleisch mit dem Ingwer daraufgeben und mit der Hälfte des Mozzarellas und Frühlingszwiebel bestreuen.

3 – Die andere Hälfte mit Ricotta bestreichen und den schwarzen Pfeffer darüberstreuen. Parmesan, Gorgonzola und die zweite Hälfte des Mozzarellas darauf verteilen.

4 – Den Backofen auf 220 °C Umluft vorheizen, die Pizza darin 10–13 Minuten backen, bis der Teigboden knusprig und der Käse geschmolzen ist.

Tipp:
In der Serienfolge werden Artischockenherzen als Beilage serviert.

PAZUS SUPPE MIT FLEISCHKLÖSSCHEN

Das wandelnde Schloss

1 | 30 Min. | 20 Min.

ZUTATEN

FÜR DIE SUPPE

- 200 ml Rinder- oder Kalbsfond
- 100 ml Rinder- oder Kalbsbrühe
- 3 EL Rotwein
- 1 EL Ketchup
- 5 Champignons, geviertelt
- 1 Lorbeerblatt
- 1 Knoblauchzehe, fein gehackt
- 1 Möhre, geschält und gewürfelt
- ½ Zwiebel, grob gehackt

FÜR DIE FLEISCHKLÖSSCHEN

- 120 g Schweinehack
- ½ Zwiebel, fein gehackt
- ¼ Apfel, gerieben
- ½ Ei, verquirlt
- 1 Prise Currypulver
- Salz und Pfeffer
- 1 EL Panko-Paniermehl
- 1 TL Speisestärke
- 2 EL Sahne
- 1 EL Mehl, Type 405
- 100 ml Öl zum Braten

1 – Für die Klößchen das Schweinehack mit Zwiebel, Apfel, Ei, Currypulver, Salz, Pfeffer, Panko-Paniermehl, Stärke und Sahne zu einem festen Teig verkneten. Daraus Klößchen formen und in Mehl wälzen.

→

ミツワ

2 – In einem Topf oder einer Pfanne mit dickem Boden das Öl auf 170 °C erhitzen. Die Klößchen darin von jeder Seite 1–2 Minuten braten, bis sie von allen Seiten gebräunt und innen gar sind. Beiseitestellen.

3 – In einem zweiten Topf den Fond erhitzen. Sobald er kocht, Brühe, Rotwein und Ketchup zugeben und verrühren. Dann die Champignons, Lorbeer, Knoblauch, Möhre und Zwiebel hineingeben. 15–18 Minuten köcheln lassen.

4 – Die Fleischklößchen in eine Schüssel geben, die Suppe darübergießen. Wie im Film mit einem Stück Baguette genießen.

CHAZUKE-BOWL MIT LACHS

Rokuhōdō Yotsuiro Biyori

1 | 10 Min. | 10 Min. | 10 Min.

ZUTATEN

1 kleines Lachsfilet

1½ EL Sojasauce

1 kleine Knoblauchzehe, durchgepresst

1 TL frisch geriebener Ingwer

Olivenöl

90 g japanischer Reis

250 ml japanischer Grüntee (aus 1½ TL Sencha, Hojicha oder Genmaicha)

4 EL Forellenkaviar

einige Mitsuba-Blätter (ersatzweise Blattspinat oder fein geschnittene Frühlingszwiebel)

1 – Den Lachs auf einem tiefen Teller 10 Minuten mit Sojasauce, Knoblauch und Ingwer marinieren.

2 – Den Backofen auf 170 °C Umluft vorheizen, den Lachs auf eine ofenfeste Platte legen, mit etwas Olivenöl beträufeln und 10 Minuten im Ofen garen. Das Lachsfilet dann in 2–3 cm dicke Stücke schneiden.

3 – Den Reis nach Packungsangabe kochen.

4 – Den Tee mit siedendem Wasser zubereiten.

5 – Den Reis in eine Schale geben, die Lachsstücke darauflegen, die Zwischenräume mit Forellenkaviar, Mitsubablättern (bzw. Spinat oder Frühlingszwiebel) ausfüllen und den Tee darübergießen.

Tipp:
Milchsauer eingelegtes Gemüse passt wunderbar zu dieser Bowl und macht alles noch knackiger.

KAMAJIS TEMPURA-BOWL

Chihiros Reise ins Zauberland

1 | 20 Min. | 10 Min.

ZUTATEN

90 g japanischer Reis

3 große rohe Garnelen

1 TL Mehl. Type 405

300 ml Sonnenblumenöl zum Frittieren

40 g kaltes Mehl (am besten Tempura-Mehl, das weniger Gluten enthält)

½ Ei, verquirlt

3 Scheiben eingelegter gelber Rettich (Asialaden)

FÜR DIE TERIYAKI-SAUCE

60 ml Sojasauce

1 EL Zucker (am besten Rohrohrzucker)

1 TL frisch geriebener Ingwer

½ TL Speisestärke

1 – Den Reis nach Packungsangabe zubereiten und warmhalten.

2 – Für die Teriyaki-Sauce 100 ml Wasser mit allen anderen Zutaten bis auf die Speisestärke in einem kleinen Topf zum Köcheln bringen. Die Speisestärke mit etwas Wasser anrühren, zugeben und die Sauce unter ständigem Rühren 1 Minute kochen lassen. Die Sauce dann in eine kleine Schüssel gießen und kalt stellen.

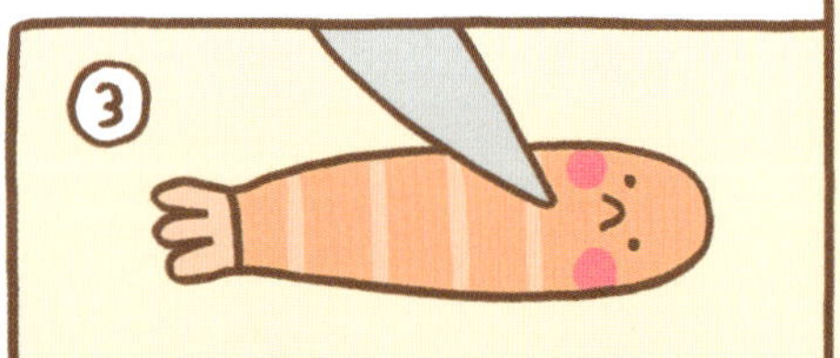

3 – Die Köpfe der Garnelen und den schwarzen Darmfaden entfernen, an der Bauchseite dreimal einschneiden, damit sie gerade liegen. Dann mit einem Messer auf den Schwanz drücken, um das Wasser zu entfernen. Den Panzer entfernen, und die Garnelenschwänze in Mehl wälzen.

4 – Das Sonnenblumenöl in einem Topf oder einer Pfanne mit dickem Boden auf 175 °C erhitzen.

5 – In einer Schüssel 55 ml eiskaltes Wasser, verquirltes Ei und Mehl mit einer Gabel vermengen. Die Garnelen in diesen Tempurateig tauchen.

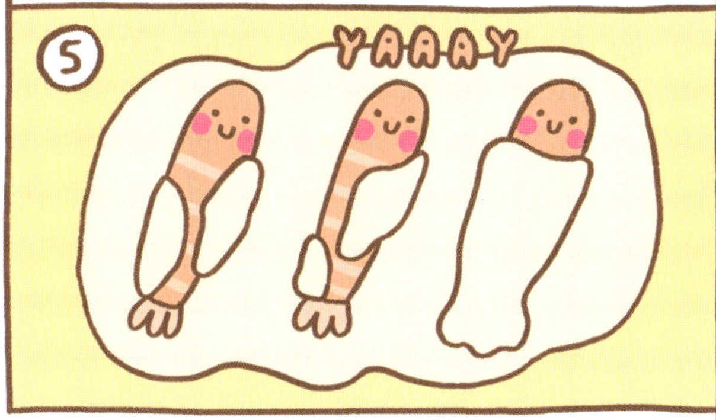

6 – Die Garnelen von jeder Seite ca. 1 Minute frittieren, bis sie gleichmäßig goldbraun sind. Auf Küchenpapier abtropfen lassen.

7 – Die Bowl mit Reis füllen, die frittierten Garnelen darauflegen und den Rettich dazu servieren. Mit Teriyaki-Sauce genießen.

FISCHROLLE

Naruto

1 25 Min. 13–15 min

ZUTATEN

220 g Fischfilet (Kabeljau oder ein ähnlicher Fisch mit weißem Fleisch)**, ohne Gräten und Haut**
1 kleines Eiweiß
1 kräftige Prise Salz
1 TL Zucker
1 EL Sahne
2 TL Mirin
2 TL Speisestärke
1 kräftige Prise weißer Pfeffer
rote Lebensmittelfarbe
1 Maki-Matte

1 – Das Fischfilet fein würfeln, dabei noch einmal überprüfen, ob alle Gräten und Hautstückchen entfernt sind.

2 – Den Fisch mit Eiweiß, Salz, Zucker, Sahne, Mirin, mit kaltem Wasser angerührter Speisestärke und Pfeffer in der Küchenmaschine zu einer homogenen Masse mixen.

3 – Die Fischfarce auf zwei Schüsseln verteilen, wobei die Portion in der einen Schüssel etwas größer sein sollte. In die Schüssel mit der kleineren Menge ein paar Tropfen rote Lebensmittelfarbe geben und gut vermengen, sodass die Farce eine kräftige rosa Farbe bekommt.

4 – Auf der Arbeitsfläche Frischhaltefolie ausrollen. Darauf die helle Farce zu einem Rechteck von 20 × 16 cm verstreichen, darauf dann eine Schicht gefärbte Farce verteilen. Dabei einen Rand von 2 cm Breite lassen. Mit Hilfe der Folie fest aufrollen.

5 – Damit die Rolle außen »Zähne« bekommt, muss sie jetzt einige Minuten in den Gefrierschrank. Herausnehmen, die Folie entfernen und die Rolle fest über die Maki-Matte rollen. Danach wieder mit der Folie umwickeln.

6 – Die Rolle in der Folie 13–15 Minuten im Dampf garen. Abkühlen lassen und zur weiteren Verwendung in Ramen-Bowls zu Scheiben von 0,5–1 cm Dicke aufschneiden.

Tipp:
Wenn die Rolle gegart ist, in vier Portionen teilen und diese einfrieren. Meistens braucht man für eine Ramen-Bowl nur einige wenige Scheiben.

GEBRATENE AJI (MAKRELE)

Wie der Wind sich hebt

1 | 20 Min. | 15 Min.

ZUTATEN

1 EL Sojasauce

3 EL Mirin

½–1 TL frisch geriebener Ingwer

1 TL Zucker

1 frisches Makrelenfilet ohne Gräten

1 TL Misopaste

einige Scheiben eingelegter gelber Rettich (Asialaden)

FÜR DIE MISOSUPPE

1 EL hellbraune Misopaste

50 g Tofu, gewürfelt

1 EL fein geschnittene Frühlingszwiebel

ein paar Tropfen geröstetes Sesamöl

1 – In einer Pfanne 100 ml Wasser, Sojasauce, Mirin, Ingwer und Zucker verrühren. Aufkochen lassen, das Fischfilet hineinlegen und in der Sauce wenden. Nach einigen Minuten die in etwas Wasser aufgelöste Misopaste zugeben, die Hitze reduzieren und das Ganze 3–4 Minuten ziehen lassen (Misopaste darf nicht kochen, sonst verliert sie ihre guten Eigenschaften).

2 – Für die Suppe 200 ml Wasser in einem kleinen Topf aufkochen, dann den Herd ausschalten, die Misopaste einrühren und die Tofuwürfel zugeben. Die Suppe in eine Schüssel gießen, mit Sesamöl und Frühlingszwiebel garnieren.

3 – Das Makrelenfilet auf eine Platte legen und mit der Sauce begießen. Mit eingelegtem Rettich garnieren, die Suppe dazu servieren.

Tipp:
Für hungrige Esser gibt es noch eine Schale Reis dazu.

SŌMAS BRATREIS-RISOTTO

Food Wars!

1 | 25 Min. | 30 Min.

ZUTATEN

20 g japanische Currypaste
Olivenöl zum Braten
½ Zwiebel, fein gehackt
1 kleine Knoblauchzehe, fein gehackt
1 kleine Möhre, geschält und fein gewürfelt
1 geh. EL fein gewürfelter Staudensellerie
60 g Risottoreis
2 EL Sushi-Reisessig
1 geh. EL frische, fein gewürfelte Mango

FÜR DAS OMELETT

2 große Eier, verquirlt
2 EL Milch oder Sahne
Pflanzenöl zum Braten

FÜR DIE KATSU-SAUCE

40 ml Ketchup
½ TL Worcestersauce
1 TL Austernsauce
1 TL Sojasauce
1 TL Agavendicksaft

1 – Zunächst die Curry-Brühe zubereiten, dazu die japanische Currypaste in 600 ml siedendem Wasser auflösen.

2 – In einer kleinen Schüssel sämtliche Zutaten für die Katsu-Sauce vermischen. Beiseitestellen.

3 – Etwas Olivenöl in einer Pfanne erhitzen. Zwiebel, Knoblauch, Möhre und Sellerie darin anschwitzen, bis die Zwiebelwürfel glasig werden. Die Curry-Brühe zugießen und gründlich verrühren. Beiseitestellen.

4 – In einem großen Topf oder einer Pfanne etwas Olivenöl erhitzen und den Reis einrühren. Sobald er glasig ist, mit dem Sushi-Essig ablöschen und köcheln lassen, bis der Essig vollständig aufgenommen wurde. Nach und nach unter ständigem Rühren mit einer Suppenkelle Brühe zugießen, sobald die Flüssigkeit aufgenommen ist, die nächste Portion Brühe zugießen und so weiter. Der Reis sollte al dente gegart sein, die Körner müssen ganz bleiben. Die Mango zugeben und vorsichtig unterheben. Beiseitestellen.

5 – Die Eier in eine Schüssel verquirlen, mit der Milch/Sahne verrühren und durch ein Sieb streichen. Eine Pfanne sanft erhitzen, etwas einölen und die Eier hineingießen. Zu einem Omelett braten und dieses mehrfach falten, sodass ein schönes, voluminöses Päckchen entsteht.

6 – Das Omelett vorsichtig auf das Curry-Risotto gleiten lassen. Mit Katsu-Sauce kreuzweise beträufeln.

Tipp:

Wer sich mit dem Omelett nicht so viel Arbeit machen will, brät einfach einen Pfannkuchen, gibt das Curry-Risotto auf die eine Hälfte und klappt die andere Hälfte darüber.

BORUTOS EXTRA SAURER BURGER

Naruto

1 · 20 Min. · 10 Min.

ZUTATEN

4 EL japanische Mayonnaise (Kewpie)

einige Zweige frischer Estragon, fein gehackt

1 frische oder eingelegte Zitrone

1 Burgerbrötchen

1 Stückchen Butter

1 TL süßer Senf

1 großes Hacksteak aus Rindfleisch

1 Scheibe Cheddar

1 Salatblatt

Zwiebelringe

einige Jalapeño-Ringe (eingelegt)

1 – Die Mayonnaise mit dem Estragon mischen.

2 – Die Zitrone auf einer Mandoline sehr fein aufschneiden (6 Scheiben).

3 – Etwas Wasser in einem Topf aufkochen, die Zitronenscheiben 30 Sekunden darin blanchieren (frische 3-mal, eingelegte 1-mal). Nach jedem Blanchieren in eiskaltem Wasser abschrecken. Die Zitronenscheiben auf Küchenpapier abtropfen lassen.

4 – Das Burgerbrötchen aufschneiden, die Schnittflächen mit Butter bestreichen und im Backofen unter dem Grill 2–3 Minuten backen (aufpassen, dass sie nicht zu dunkel werden). Den Unterteil dünn mit Senf bestreichen.

5 – Eine unbeschichtete Pfanne kräftig aufheizen. Das Hacksteak in die Pfanne geben und mit einem großen Pfannenwender aus Metall flach drücken. Nach 1 Minute umdrehen und sofort den Cheddar auflegen. Nach einer weiteren Minute das Hacksteak vom Herd nehmen und auf die mit Senf bestrichene Brötchenhälfte legen.

6 – Mit den Zitronenscheiben, dem Salatblatt, Zwiebelringen, Jalapeño und etwas Estragon-Mayonnaise garnieren und die zweite Brötchenhälfte auflegen.

SAKURAS GYOZAS MIT SCHWEINEFLEISCH

Naruto

1 | 30 Min. | 5 Min.

ZUTATEN

60 g Schweinehack
1 Blatt Chinakohl, fein geschnitten
2 EL Sojasauce
1–2 EL fein geschnittene Frühlingszwiebel
1 Knoblauchzehe, durchgepresst
1 Prise Zucker
1 TL frisch geriebener Ingwer
Salz und Pfeffer
6 Scheiben Gyoza-Teig (frisch oder TK)
Olivenöl oder anderes Pflanzenöl zum Braten

FÜR DIE SOJASAUCE
3 EL Sojasauce
½ Knoblauchzehe, durchgepresst
1 TL Sesamöl
1 TL Agavendicksaft

1 – Die Zutaten für die Sauce in einer kleinen Schüssel verrühren und beiseitestellen.

2 – Hackfleisch, Chinakohl, Sojasauce, Frühlingszwiebel, Knoblauch, Zucker, Ingwer und etwas Salz und Pfeffer in einer Schüssel zu einer Farce vermengen.

→

3 – Eine Teigscheibe auf die Arbeitsfläche legen, den Rand mit dem Finger anfeuchten und 1 Löffel Farce daraufgeben. Die Teigtasche zuklappen, fest darauf drücken, um sämtliche Luft zu entfernen. Dann den Rand fest zudrücken. So mit allen weiteren Gyozas verfahren (die Teigscheiben zudecken, solange sie noch nicht verarbeitet sind, sie trocknen sehr schnell aus).

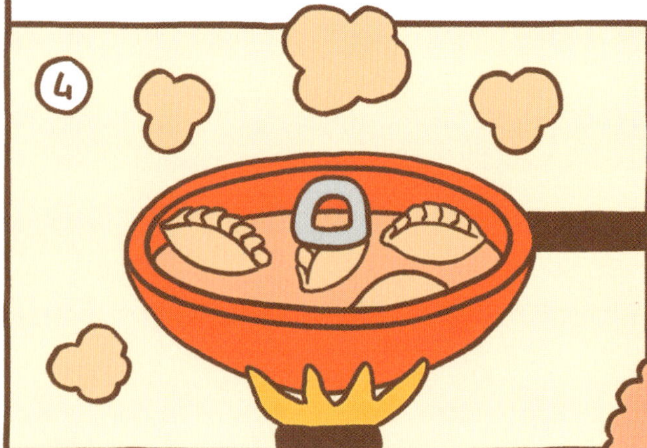

4 – Die Gyozas in einer Pfanne mit heißem Öl 3–5 Minuten anbraten, dann 50 ml Wasser angießen und zugedeckt köcheln lassen, bis das Wasser verdampft ist.

5 – Die Gyozas heiß mit der vorbereiteten Sauce servieren.

REISBOWL »REGENBOGEN«

Tada never falls in love

1 | 35 Min. | 10 Min. | 10 Min.

ZUTATEN

4 Champignons

4 kleine Scheiben Süßkartoffel, ca. 1 cm dick

1 großes Stück Lachs oder Forelle (Sushi-Qualität), **gedrittelt**

4 EL Forellenkaviar

2 Shisoblätter

2 schräg geschnittene Scheiben Gurke

½ Salatblatt, fein geschnitten

3 Scheiben Konnyaku
(Paste aus der Konjak-Wurzel, Asialaden)

1 EL eingelegter rosa Ingwer

FÜR DEN ESSIGREIS

140 g japanischer Sushi-Rundkornreis

5 EL gesüßter Sushi-Reisessig

FÜR DAS EINGEROLLTE OMELETT

3 Eier, verquirlt

1 TL Sojasauce

1 TL Zucker

1 Prise Dashi-Pulver (nach Wunsch)

Pflanzenöl zum Braten

FÜR DIE ZITRUS-SOJASAUCE

4 EL Sojasauce

1 EL Zitronensaft

2 TL Limettensaft

1 – Die Zutaten für die Zitrus-Sojasauce in einer kleinen Schüssel mischen.

2 – Die Pilze putzen und ein Sternmuster einritzen, 5 Minuten dämpfen. Die Süßkartoffelscheiben dämpfen oder kochen, bis sie weich sind, dann abtropfen lassen und beiseitestellen.

3 – Für das eingerollte Omelett die Eier mit Sojasauce, Zucker und Dashi-Pulver in einer Schüssel verquirlen. Das Öl in einer Pfanne erhitzen und dünne Omeletts nur von einer Seite backen. Nach und nach die Omeletts aufrollen, dann abkühlen lassen und in Scheiben schneiden.

4 – Für den Essigreis den Reis unter fließendem Wasser abspülen, bis das Wasser klar ist, dann in einem Sieb abtropfen lassen. Den Reis in einem Topf mit 140 ml Wasser kochen. Den Deckel auflegen. Nach 5 Minuten die Hitze reduzieren und weitere 5 Minuten kochen. Dann vom Herd nehmen und noch 10 Minuten quellen lassen. Den Sushi-Essig unterrühren.

5 – In einer Bowl den Reis verteilen, darauf die Champignons, den aufgerollten Lachs, den Kaviar, die Süßkartoffelscheiben, die Omelettscheiben, die Shisoblätter, die Gurkenscheiben, den Salat und am Ende das Konnyaku anrichten. Mit der Zitrus-Sojasauce und eingelegtem Ingwer servieren.

SŌMAS GEBRATENE FORELLE

Food Wars!

1 | 30 Min. | 5 Min.

ZUTATEN

2 Forellenfilets mit Haut, aber ohne Kopf und Gräten

1 Eiweiß

2 kleine Pakete halbrunde japanische Reiscracker
(kaki no tane)

4 Stangen grüner Spargel

Olivenöl

Salz und Pfeffer

1 kleiner Romanasalat oder Chicorée

400 ml Sonnenblumenöl zum Frittieren

FÜR DIE MAYONNAISE

2 Eigelb

1 Msp. Wasabipaste

60 ml Sonnenblumenöl

Salz und Pfeffer

2 TL Apfelessig oder Zitronensaft

1 – Die Forellenfilets abspülen und mit Küchenpapier trocken tupfen.

2 – Das Eiweiß kräftig aufschlagen.

3 – Die Reiscracker fein zerbröseln (am besten in einem verschlossenen Gefrierbeutel mit einem Nudelholz zerstoßen).

4 – Die Forellenfilets durch das Eiweiß ziehen und mit den Crackerbröseln panieren.

5 – Den Spargel in sehr heißem Olivenöl 3–4 Minuten braten, salzen und pfeffern. Beiseitestellen.

6 – Für die Mayonnaise das Eigelb und die Wasabipaste in einer großen Schüssel aufschlagen, dann in kleinen Portionen das Öl zugeben. Sobald die Mayonnaise andickt, salzen und pfeffern und den Essig/Zitronensaft einrühren. Diese Mayonnaise hält sich im Kühlschrank maximal zwei Tage.

7 – Romanasalat oder Chicorée zerkleinern. Das Sonnenblumenöl in einem Topf oder einer Pfanne mit dickem Boden auf 175 °C erhitzen. Die panierten Forellenfilets darin von jeder Seite ca. 1 Minute frittieren, sodass sie schön goldbraun werden. Auf Küchenpapier abtropfen lassen.

8 – Mit der Wasabimayonnaise, dem Salat und dem Spargel genießen.

ZEN-DESSERTS

DORAYAKI

Doraemon

4 | 10 Min. | 8 Min. | 15 Min.

ZUTATEN

2 Eier
½ EL Akazienhonig
40 g Zucker
100 g Mehl, Type 405
1 TL Trockenhefe
1 Prise Salz
Sonnenblumenöl zum Braten

150 g Anko-Paste (gezuckerte Bohnenpaste, Asialaden)
1 Prise Salzkristalle
1 TL geröstete Sobacha (Buchweizenkörner)

1 – In einer großen Schüssel die Eier, den Honig und den Zucker zu einer luftigen Masse aufschlagen. Das Mehl, die Trockenhefe und das Salz hineinsieben und weiterschlagen, bis eine homogene Masse entsteht, aber noch etwas Mehl übrig ist. 15 Minuten ruhen lassen, dann 2 EL Wasser zugeben, um den Teig ein wenig zu verdünnen.

2 – Eine Pfanne leicht erhitzen und mit einem Küchentuch mit Sonnenblumenöl einstreichen. 1 Schöpflöffel Teig hineingeben und einen Pfannkuchen mit ca. Ø 9 cm backen. Sobald sich auf der Oberfläche Blasen bilden, wenden und noch etwa 1 Minuten von der anderen Seite braten, sodass der Pfannkuchen eine schöne goldbraune Farbe bekommt.

3 – So weitermachen, bis der Teig verbraucht ist.

4 – Die Hälfte der Pfannkuchen mit Anko-Paste bestreichen, dabei einen Rand von 1 cm frei lassen. Mit einigen Salzkristallen und Sobacha bestreuen, jeweils einen zweiten Pfannkuchen darüberlegen und leicht andrücken. Halbieren und mit Freunden genießen.

Tipp:

Natürlich kann man die Pfannkuchen mit allen möglichen Cremes füllen, wenn man die süße Bohnenpaste gerade nicht zur Hand hat. Sie schmecken auch gut mit einer dicken Fruchtkonfitüre oder einem nicht zu flüssigen Gelee – oder auch einfach mit ein paar Scheiben Obst.

KUCHEN MIT LEMON CURD

Food Wars!

6 | 90 Min. | 25 Min. | 1 Nacht

ZUTATEN

FÜR DIE GÉNOISE (GENUESER TEIG)

110 g Mehl, Type 405
7 g Trockenhefe
1 Prise Salz
3 Eier
100 g Zucker
40 ml Sonnenblumenöl
4 EL Sahne
2 TL Vanilleextrakt
Butter für die Form

FÜR DEN LIMONCELLO-SIRUP

3 EL Zucker
70 ml Limoncello
abgeriebene Schale von 1 Bio-Zitrone plus Saft von ½ Zitrone

FÜR DIE ZITRONENCREME

200 g Lemon Curd (Glas)
200 g zimmerwarmer Frischkäse
200 g zimmerwarmer Mascarpone
50 g gemischte Haselnüsse und Mandeln, geröstet und von den Häutchen befreit

FÜR DEN KROKANT

300 g Zucker
8 g Butter
100 g gemischte Haselnüsse und Mandeln, geröstet und von den Häutchen befreit

ZUM ANRICHTEN

einige dünne Zitronenscheiben
1 EL Zucker

1 – Für die Génoise den Backofen auf 160 °C Umluft vorheizen. Das Mehl in eine große Schüssel sieben, mit Trockenhefe und Salz vermischen. Eier und Zucker in einer weiteren Schüssel mindestens 7 Minuten aufschlagen, bis sich das Volumen der Masse fast verdreifacht hat. Das Öl in kleinen Mengen zugeben, dann die Sahne und den Vanilleextrakt zugeben. Die trockenen Zutaten in die feuchte Mischung geben und ständig weiterrühren, bis sich alles gerade so zu einer homogenen Masse verbindet (nicht zu lange rühren!). Eine rechteckige Backform von 23 × 19 × 4 cm mit Butter ausstreichen, dann Boden und Ränder mit Backpapier auslegen. Den Teig in die Form geben, die Form ein paar Mal kräftig auf die Arbeitsfläche stoßen, damit möglichst viele Luftbläschen entweichen. 11–12 Minuten backen. Der Genueser Teig darf nicht zu viel Farbe annehmen. In der Form abkühlen lassen, dann mit dem Backpapier aus der Form nehmen und auf die Arbeitsfläche legen.

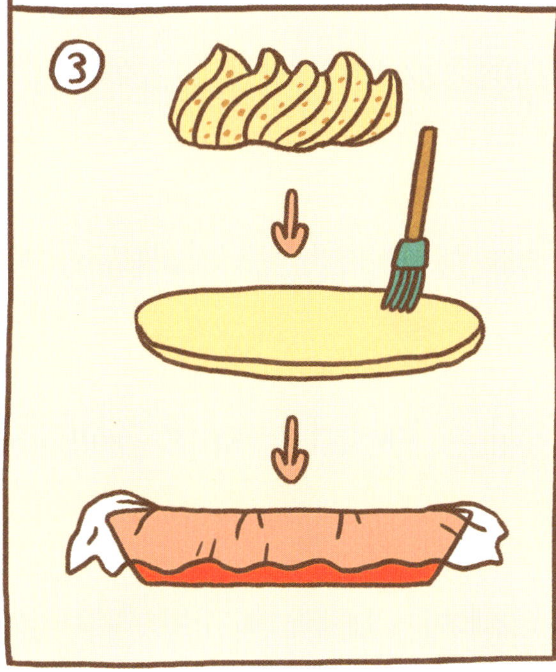

2 – Für den Limoncello-Sirup Zucker, Limoncello, Zitronenschale und Zitronensaft in einem Topf verrühren. Einmal aufkochen, dann abkühlen lassen.

3 – Für die Zitronencreme den Lemon Curd und den Frischkäse zu einer homogenen Masse verrühren. Den Mascarpone und die Nuss-Mandel-Mischung zugeben. Eine Kastenform mit Frischhaltefolie auskleiden, sodass die Folie an allen Seiten über den Rand hängt. Die Génoise auf dieselbe Größe zuschneiden und in die Form legen. Die Zitronencreme darauf verstreichen. Den Kuchen mit der überhängenden Folie zudecken. Das Ganze für mindestens 5 Stunden, besser über Nacht, im Gefrierschrank ruhen lassen.

4 – Den Krokant zubereiten (wenn man nicht so viel Zeit hat, kann man auch einen flüssigen Karamell aus dem Handel verwenden). Dazu ein Stück Backpapier bereitlegen. Zucker und 70 ml Wasser aufkochen. Sobald der Zucker bernsteinfarben ist, die Butter unter ständigem Rühren zugeben, die Nuss-Mandel-Mischung zugeben und weiterrühren. Die Masse auf das Backpapier gießen, mit einem Metallspatel glatt verstreichen und leicht abkühlen lassen. Solange der Karamell noch einigermaßen weich ist, in Streifen schneiden, die genauso groß sind wie die einzelnen Stücke des halb gefrorenen Kuchens.

5 – Zum Anrichten die Zitronenscheiben leicht zuckern und für ein paar Minuten unter den Grill des Backofens legen. Den Kuchen vorsichtig aus der Kastenform lösen und so umdrehen, dass der Teig unten liegt. In Stücke schneiden, auf jedes Stück eine Scheibe Krokant legen und mit gegrillten Zitronenscheiben dekorieren.

CASTELLA-SIBERIA-KUCHEN

Demon Slayer

8 30 Min. 1 Std. 40–45 min

ZUTATEN

5 Eier, Eigelb und Eiweiß getrennt
90 g Zucker
2 TL Vanilleextrakt
100 g Mehl, Type 405
1 Prise Salz
2 TL Trockenhefe
80 g Butter oder 80 ml Sonnenblumenöl, Zimmertemperatur
100 ml lauwarme Milch
500 g Anko-Paste (gezuckerte Bohnenpaste, Asialaden)
3 EL gerösteter Sesam

FÜR DEN YUZU-SIRUP

3 EL Zucker
3 EL Yuzu-Saft

1 – Den Backofen auf 165 °C Umluft vorheizen. Das Eiweiß mit dem Handrührgerät leicht anschlagen, dann etwas Zucker zugeben und bei hoher Geschwindigkeit weiterschlagen. Sobald das Eiweiß steif wird, den übrigen Zucker zugeben und weiterschlagen, bis sich der Zucker auflöst und sich steife Spitzen bilden.

2 – Das Eigelb zugeben und weiterschlagen. Den Vanilleextrakt zugeben. Mehl, Salz und Trockenhefe hinzufügen und vorsichtig mit einem Spatel unter die Eiermasse heben.

3 – Ein Viertel des Teigs in einer zweiten Schüssel unter ständigem Rühren mit Butter und lauwarmer Milch verarbeiten.

4 – Diesen verdünnten Teig wieder zum ursprünglichen Teig geben und unterheben, sodass er eine dick-cremige Konsistenz bekommt. Den Teig in eine gebutterte, mit Backpapier ausgelegte quadratische Form von 18 × 18 × 6 cm geben.

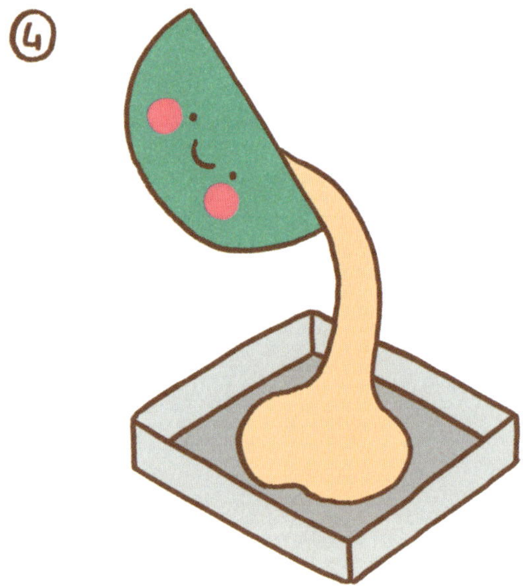

5 – Die Form in eine zweite, größere Form setzen, die 2 cm hoch mit Wasser gefüllt ist. In diesem Wasserbad im vorgeheizten Backofen 45–50 Minuten backen. In der Form abkühlen lassen und den Kuchen dann quer halbieren.

6 – Für die Yuzu-Sauce Zucker und 2 TL Wasser in einem Topf erhitzen. Den Sirup abkühlen lassen und mit dem Yuzu-Saft mischen. Die hellen Flächen des Kuchens mit der Sauce bestreichen.

7 – Die Backform reinigen und mit Frischhaltefolie auskleiden, sodass die Folie an allen Seiten über den Rand hängt. Die erste Hälfte des Kuchens mit der hellen Fläche nach oben in die Form legen. Mit Anko-Paste bestreichen. Die zweite Hälfte mit der hellen Fläche nach unten darauflegen. Gut festdrücken und im Kühlschrank mindestens eine Stunde ruhen lassen.

8 – Die Ränder des Kuchens ordentlich zuschneiden, dann den Kuchen vierteln und die Viertel noch einmal diagonal durchschneiden. Mit geröstetem Sesam bestreut servieren.

9 – Die Kuchenstücke in dunkles Backpapier und danach in eine japanische Zeitung einwickeln, um einen ganz authentischen Eindruck zu bekommen.

SUGARS BLAUE WEINTRAUBEN

One Piece

1 | 10 Min. | 10 Min. | 15 Min.

ZUTATEN

20 grüne oder rote Weintrauben

Eiswürfel

200 g Zucker

blaue oder lilafarbene Lebensmittelfarbe

20 Zahnstocher

1 – Die Weintrauben vorsichtig waschen und von der Seite des Stängelansatzes her auf Zahnstocher spießen.

2 – Eine Schüssel mit sehr kaltem Wasser und Eiswürfeln vorbereiten.

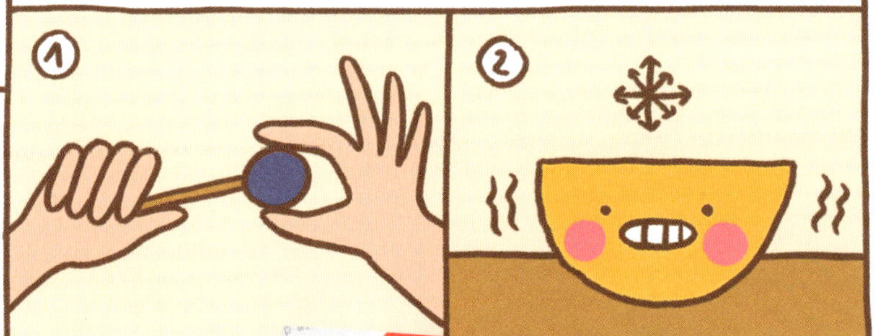

3 – In einem Topf Zucker und 240 ml Wasser auf 130 °C erhitzen (Zuckerthermometer!). Dann die Lebensmittelfarbe zugeben und kräftig durchrühren, um eine gleichmäßige Farbe zu bekommen.

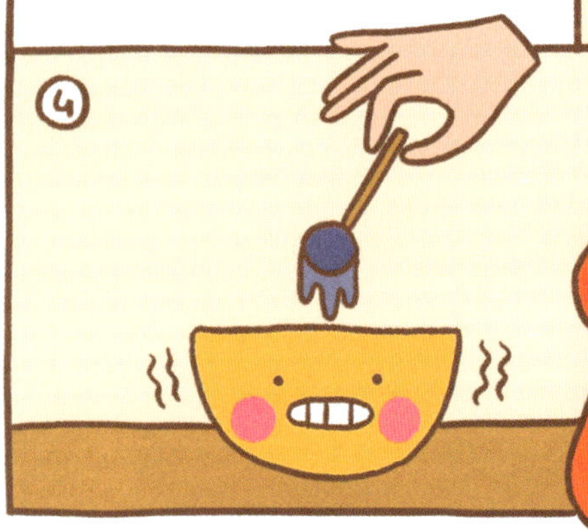

4 – Die Zahnstocher mit den Weintrauben einen nach dem anderen in die Farbe und danach für jeweils 10 Sekunden in das Eiswasser tauchen. Auf Küchenpapier kurz abtropfen lassen. Vor dem Verzehr 15 Minuten ruhen lassen.

TEATIME BEI ZENIBA

Chihiros Reise ins Zauberland

• Rotes und grünes Gelee

5–8 | 10 Min. | 3 Min. | 3–4 Std.

ZUTATEN

FÜR DAS ROTE GELEE
4 Blatt Gelatine
125 ml Erdbeersaft
125 ml Litschisaft
rote Lebensmittelfarbe (nach Wunsch)
Pflanzenöl

FÜR DAS GRÜNE GELEE
3 Blatt Gelatine
125 ml Litschisaft
125 ml Limettensaft, gefiltert
grüne Lebensmittelfarbe
Pflanzenöl

1 – In zwei Schüsseln mit kaltem Wasser die Gelatineblätter 5 Minuten einweichen.

2 – Die Fruchtsäfte für das rote Gelee aufkochen und 4 ausgedrückte Gelatineblätter zugeben. Mit dem Schneebesen durchrühren und noch 1 Minute kochen lassen. Die rote Lebensmittelfarbe darin verrühren und die Mischung in kleine, eingeölte Förmchen gießen.

3 – Die Masse 3–4 Stunden im Kühlschrank fest werden lassen.

4 – Mit den Fruchtsäften etc. für das grüne Gelee den Vorgang wiederholen.

• Butterplätzchen mit grünem Tee

10 Plätzchen | 15 Min. | 11–13 Min. | 1 Std.

ZUTATEN

65 g Mehl, Type 405
60 g Zucker
1 Prise Salz
1½ TL Grünteepulver (Hojicha oder Genmaicha)
10 g gemahlene Mandeln
55 g weiche Butter
¼ Ei (aufschlagen und dann in 4 Portionen aufteilen)
½ TL Vanilleextrakt

1 – In einer Schüssel das gesiebte Mehl, Zucker, Salz und Teepulver sowie die gemahlenen Mandeln mischen. Die Butter in kleinen Stückchen zugeben und mit den Fingern das ganze zu Streuseln verarbeiten. Ei und Vanilleextrakt zugeben und alles zu einem homogenen Teig verkneten.

2 – Auf leicht mit Mehl bestäubtem Backpapier den Teig 0,5 cm dick ausrollen. Plätzchen ausstechen und das Backpapier mit den Plätzchen für mindestens 1 Stunde in den Kühlschrank legen.

3 – Den Backofen auf 155 °C Umluft vorheizen. Die Plätzchen auf dem Backpapier aufs Backblech legen und 11–13 Minuten backen. Auf einem Kuchengitter abkühlen lassen. Sie werden erst fest und knusprig, wenn sie abgekühlt sind, und bleiben in einem luftdicht verschlossenen Behälter mindestens 4 Tage frisch.

• Butterplätzchen mit Kakao

10 Plätzchen | **15 Min.** | **11–13 Min.** | **1 Std.**

ZUTATEN

75 g Mehl, Type 405

3 EL Backkakao ohne Zucker

70 g Zucker

1 Prise Salz

60 g weiche Butter

¼ Ei (die zweite Portion, die für die Plätzchen vorbereitet wurde, den Rest anderweitig verarbeiten)

½ TL Vanilleextrakt

kleine rote Trockenfrüchte, z. B. kandierte Kirschen oder Cranberrys

1 – In einer Schüssel das gesiebte Mehl, den Kakao, Zucker und Salz mischen. Die Butter in kleinen Stückchen zugeben und das Ganze mit den Fingern zu Streuseln verarbeiten. Ei und Vanilleextrakt zugeben und alles zu einem homogenen Teig verkneten.

2 – Auf leicht mit Mehl bestäubtem Backpapier den Teig 0,5 cm dick ausrollen. Plätzchen ausstechen und das Backpapier mit den Plätzchen für mindestens 1 Stunde in den Kühlschrank legen.

3 – Jedes Plätzchen mit einem Stück Frucht dekorieren, leicht andrücken, damit die Frucht gut hält.

4 – Den Backofen auf 155 °C Umluft vorheizen. Die Plätzchen auf dem Backpapier aufs Backblech legen und 11–13 Minuten backen. Auf einem Kuchengitter abkühlen lassen. Sie werden erst fest und knusprig, wenn sie abgekühlt sind, und bleiben in einem luftdicht verschlossenen Behälter mindestens 4 Tage frisch.

OHNGESICHTS CHEESECAKE

Chihiros Reise ins Zauberland

1 · 1 Std. · 40 Min. · 1 Std.

ZUTATEN

225 g zimmerwarmer Frischkäse
30 ml Milch
30 g Butter
2 Eigelb
20 g Zucker
4 g Speisestärke
10 g Mehl, Type 405

FÜR DIE CRÈME PÂTISSIÈRE

2 Eigelb
35 g Zucker
6 g Mehl, Type 405
2 EL Speisestärke
170 ml Milch
¼ Vanilleschote
einige Tropfen Sake zum Kochen

FÜR DIE BAISERMASSE

1½ Eiweiß
1 Prise Salz
25 g Zucker
Butter für die Form

1 – Den Frischkäse im Wasserbad cremig aufschlagen. In einem Topf Milch und Butter erhitzen, bis die Butter geschmolzen ist. Abkühlen lassen, dann cremig aufschlagen. Die Buttermischung zum Frischkäse geben und noch einmal aufschlagen. Eigelb und Zucker schaumig schlagen und in die Cream-Cheese-Mischung geben, am Ende Speisestärke und Mehl dazugeben und verrühren.

2 – Für die Crème pâtissière das Eigelb mit dem Zucker dick aufschlagen. Mehl und Speisestärke sieben und zugeben. So lange durchrühren, bis das Mehl komplett aufgenommen ist. Die Milch mit der ausgekratzten Vanilleschote und dem Sake bis kurz vor dem Siedepunkt erhitzen. Unter ständigem Rühren mit dem Schneebesen portionsweise unter den Teig rühren. Den Teig durch ein Sieb streichen, wieder in den Topf geben und bei geringer Hitze unter ständigem Rühren ca. 1 Minute erhitzen, bis eine dicke Crème pâtissière entsteht.

→

3 – Die abgekühlte Crème pâtissière zu der Frischkäsemasse geben, mit dem Schneebesen durchrühren und ein paar Tropfen Sake zugeben.

4 – Für die Baisermasse Eiweiß und Salz mit dem Handrührgerät aufschlagen, dabei das Tempo allmählich erhöhen. 1 EL Zucker zugeben. Sobald das Eiweiß steif wird, den restlichen Zucker hineingeben und weiterschlagen, bis eine weiche Baisermasse mit steifen Spitzen entsteht.

5 – Einen Teil der Baisermasse in den Teig geben und unterheben. Dann den Rest vorsichtig unterheben, sodass eine homogene, sehr dicke Mischung entsteht.

6 – Den Teig in eine hohe Springform (ideal wären Ø 16 cm und 7 cm Höhe) geben, die zuvor mit Butter ausgestrichen und mit Backpapier ausgekleidet wurde. Der Rand muss 4 cm höher sein als der Teig.

7 – Den Backofen auf 200 °C Umluft vorheizen. Die Form in eine größere ofenfeste Form stellen, die 2 cm hoch mit kochendem Wasser gefüllt ist. In diesem Wasserbad 20 Minuten backen, bis der Cheesecake eine goldbraune Farbe angenommen hat, dann die Temperatur auf 165 °C reduzieren. Noch 13–17 Minuten weiterbacken.

8 – 1 Stunde im Kühlschrank abkühlen lassen.

9 – Zu einer Tasse Matcha-Tee genießen.

Tipp:

Es schmeckt köstlich, wenn man die Oberfläche des Kuchens mit etwas Yuzusaft bepinselt.

KIKIS PLÄTZCHENKORB

Kikis kleiner Lieferservice

30 Plätzchen | 45 Min. | 13–15 Min. | 1 Std.

ZUTATEN

½ Vanilleschote
120 g Zucker
200 g Mehl, Type 405
140 g weiche Butter
½ Ei, verquirlt
3 EL Korinthen, grob gehackt

FÜR DIE KANDIERTEN FRÜCHTE

kandierte Kirschen
etwas Zitronat

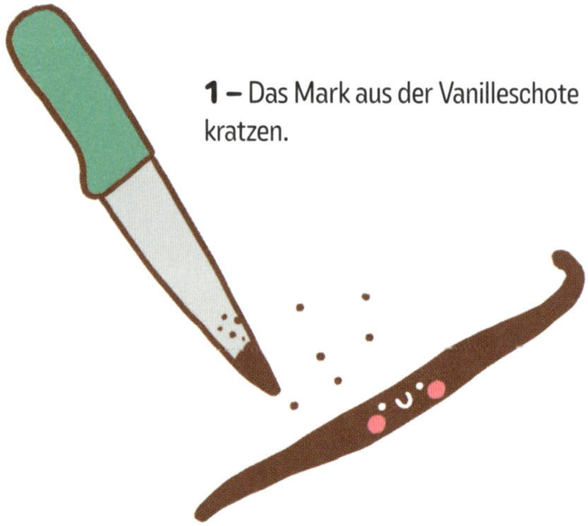

1 – Das Mark aus der Vanilleschote kratzen.

2 – In einer Schüssel Zucker und Vanillemark mit dem gesiebten Mehl und der Butter zu Streuseln verarbeiten. Das Ei zugeben und zu einem homogenen Teig verkneten.

3 – Den Teig dritteln. In ein Drittel die gehackten Korinthen einarbeiten. Die drei Teile zu Kugeln formen, in Frischhaltefolie wickeln und im Kühlschrank oder Gefrierschrank 1 Stunde ruhen lassen.

4 – Die Teigkugeln einzeln auf einer bemehlten Arbeitsfläche 0,5 cm dick ausrollen. Plätzchen ausstechen, am besten in Formen, die an den Film erinnern.

5 – Die Plätzchen auf einem mit Backpapier belegten Blech anordnen und mit Früchten dekorieren. Den Backofen auf 165 °C Umluft vorheizen und die Plätzchen darin 13–15 Minuten backen. Auf einem Kuchengitter abkühlen lassen.

KATAKURIS DONUTS

One Piece

8 | 15 Min. | 14–17 Min.

ZUTATEN

150 g Mehl Type 405
1 TL Trockenhefe
1 Prise Salz
2 Eier
90 g Zucker
1 EL Sonnenblumenöl
100 ml Milch
1 TL Vanilleextrakt
2 EL Birnenkompott
Zuckerstreusel
Butter für die Donutformen

FÜR DIE GRÜNE ZUCKERGLASUR (8 DONUTS)

einige Tropfen grüne Lebensmittelfarbe
140 g Puderzucker
2–3 EL Zitronensaft

FÜR DIE HIMBEERGLASUR (8 DONUTS)

140 g Puderzucker
1 EL Zitronensaft
8 Himbeeren, zerdrückt

FÜR DIE KAFFEEGLASUR (8 DONUTS)

2 EL Milch
2 TL Instant-Kaffee
140 gesiebter Puderzucker
½ TL Vanilleextrakt

FÜR DIE SCHOKOGLASUR (8 DONUTS)

120 g dunkle Schokolade
20 g Butter
80 g Sahne

1 – Gesiebtes Mehl, Trockenhefe und Salz in einer Schüssel mischen. In einer zweiten, größeren Schüssel die Eier mit dem Zucker aufschlagen, Öl, Milch, Vanilleextrakt und Birnenkompott zugeben und alles gründlich vermengen. Die trockenen Zutaten zugeben und zu einer homogenen Mischung verrühren.

2 – Den Backofen auf 170 °C Umluft vorheizen. Den Teig auf mit Butter ausgestrichenen Donutformen verteilen, dann 14–17 Minuten backen. Auf einem Kuchengitter abkühlen lassen.

3 – Für die grüne Zuckerglasur und die Himbeerglasur jeweils alle Zutaten mit einer Gabel verrühren.

4 – Für die Kaffeeglasur die Milch mit dem Instantkaffee erhitzen und abkühlen lassen. Die übrigen Zutaten zugeben und gut vermischen.

5 – Für die Schokoglasur die Schokolade und die Butter im Wasserbad schmelzen. Wenn sie fast flüssig sind, die angewärmte Sahne zugeben und 1 Minute stehen lassen. Dann zu einer cremigen Ganache verrühren.

6 – Die abgekühlten Donuts mit den verschiedenen Glasuren verzieren und mit Zuckerstreuseln bestreuen, solange die Glasur noch weich ist.

DANGO-SPIESSE

Naruto

3 | 35 Min. | 4 Min.

ZUTATEN

80 g Reismehl (Shiratamako)

1 EL Zucker

120 g Seidentofu

FÜR DIE NATURFARBENEN KUGELN

30 g Anko-Paste

FÜR DIE ROSAFARBENEN KUGELN

einige Tropfen rosa Lebensmittelfarbe

10 g dunkle Sesampaste

20 g Anko-Paste

FÜR DIE GRÜNEN KUGELN

1 TL Matchapulver

30 g Anko-Paste

1 – In einer großen Schüssel das Reismehl mit Zucker und Seidentofu mischen. Mit den Händen zu einem Teig verkneten. Zu einer Rolle formen und dritteln.

2 – Für die naturfarbenen Kugeln aus dem ersten Drittel drei Kugeln formen und jede mit 10 g Anko-Paste füllen.

3 – Für die rosafarbenen Kugeln das zweite Drittel des Teigs mit Lebensmittelfarbe färben, drei Kugeln formen und mit einer Mischung aus Sesampaste und Anko-Paste füllen.

4 – Für die grünen Kugeln das dritte Drittel mit Matchapulver färben, drei Kugeln formen und mit je 10 g Anko-Paste füllen.

5 – In einem großen Topf Wasser zum Kochen bringen und die Kugeln darin 2 Minuten kochen. Wenn sie gar sind, steigen sie an die Oberfläche. Sofort in eine Schüssel mit eiskaltem Wasser geben, um den Kochvorgang zu stoppen. Abtropfen lassen und auf drei Spieße aufziehen, je eine Kugel von jeder Farbe pro Spieß.

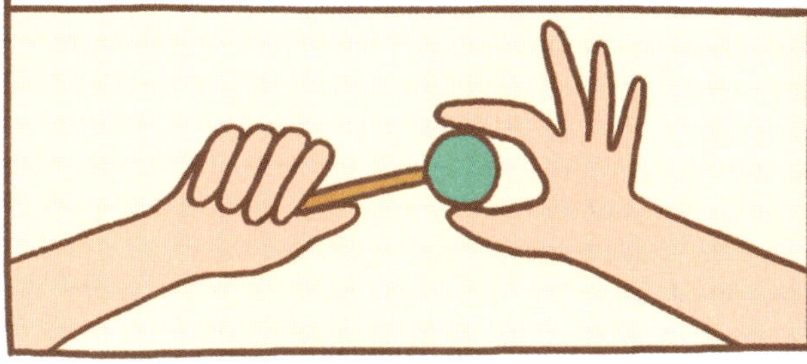

Tipp:

Man kann die Spieße auch noch mit geröstetem Sesam, eingelegter Yuzu oder einer Glasur aus gezuckerter Sojasauce (Mitarashi) garnieren.

BLACKBEARDS KIRSCHKUCHEN

One Piece

2 | 30 Min. | 30–35 Min. | mindestens 1 Std.

ZUTATEN

FÜR DEN TEIG

170 g Mehl
100 g kalte Butter, gewürfelt
1 Prise Salz
45 g Zucker
1 kleines Ei, verquirlt
½ TL Vanilleextrakt
1 Eigelb zum Bestreichen

FÜR DIE FÜLLUNG

225 g Griotte-Kirschen ohne Stein (TK) **oder andere Sauerkirschen**
40 g Zucker
1 EL Amarettolikör (nach Wunsch)
1½ TL Speisestärke

1 – Mehl, Butter, Salz und Zucker in einer Schüssel mischen und mit den Fingern zu Streuseln vermischen. Das Ei und den Vanilleextrakt zugeben und zu einem homogenen Teig verkneten. Den Teig zu einer Kugel formen, in Frischhaltefolie einwickeln und mindestens 1 Stunde im Kühlschrank ruhen lassen.

2 – Die Kirschen mit 90 ml Wasser in einem Topf 10 Minuten kochen lassen, dann Zucker, Amaretto und die mit etwas Wasser angerührte Speisestärke zugeben. Bei schwacher Hitze unter ständigem Rühren 2 Minuten köcheln. Sobald die Mischung andickt, vom Herd nehmen und abkühlen lassen.

3 – Den Backofen auf 180 °C Umluft vorheizen. Den Teig halbieren, auf mit Mehl bestäubtem Backpapier 2 Scheiben à Ø 18 cm (0,5 cm dick) formen. Mit dem Backpapier auf ein Blech legen. Auf jede Scheibe Kirschkompott verteilen, dabei 3 cm Rand lassen.

4 – Den Rand hochfalten und mit Eigelb bestreichen. 30–35 Minuten backen, bis die Kuchen durchgebacken und goldbraun sind.

REGISTER NACH ANIME

REGISTER NACH ZUTATEN

DANK

Danke an Lou, den ich am liebsten bekoche! ♥

Danke an Cyrielle, weil sie immer da war, für ihren Rat und ihre Effizienz während dieses Projekts!

An Rose-Marie für ihre guten Ideen und ihr Vertrauen!

An die ganze Mannschaft bei First, die immer so schöne Bücher macht!

Lene Knudsen

Danke an meine Freundinnen für ihre unermüdliche Ermutigung.

Danke an die Lektorinnen bei First, die mir die Möglichkeit gaben, Totoros zu zeichnen.

Danke an ASMR Weekly, die mir geholfen haben, mich auf die Skizzen zu konzentrieren, und an Squeezie und die Dokus auf Arte, die mir beim Kolorieren Ablenkung geschenkt haben.

Kelly Keko

Bibliografische Information der Deutschen Nationalbibliothek
Die Deutsche Nationalbibliothek verzeichnet diese Publikation in der Deutschen Nationalbibliografie.
Detaillierte bibliografische Daten sind im Internet über https://dnb.de abrufbar.

Für Fragen und Anregungen
info@m-vg.de

Wichtiger Hinweis
Ausschließlich zum Zweck der besseren Lesbarkeit wurde auf eine genderspezifische Schreibweise sowie eine Mehrfachbezeichnung verzichtet. Alle personenbezogenen Bezeichnungen sind somit geschlechtsneutral zu verstehen.

3. Auflage 2025

Türkenstraße 89
80799 München
Tel.: 089 651285-0

Übersetzung: Ulrike Strerath-Bolz
Redaktion: Annerose Sieck
Umschlaggestaltung: Sabrina Pronold
Illustrationen auf dem Umschlag und im Innenteil: Kelly Keko
Fotografien: Lene Knudsen
Layout: Nikyta Madeira
Satz: inpunkt[w]o, Wilnsdorf (www.inpunktwo.de)
Druck: Livonia Print, Riga
Printed in Latvia

ISBN Print 978-3-7423-2326-2
ISBN E-Book (EPUB, Mobi) 978-3-7453-2565-2